ÉTUDES ÉCONOMIQUES ET SOCIALES
…es avec le concours du Collège libre des Sciences sociales

III

LES TRANSFORMATIONS

DE LA

PUISSANCE PUBLIQUE

Les Syndicats de Fonctionnaires

PAR

MAXIME LEROY

PARIS, Ve
V. GIARD & E. BRIÈRE
Libraires-Éditeurs
16, RUE SOUFFLOT ET 12, RUE TOULLIER
—
1907

LES TRANSFORMATIONS

DE LA

PUISSANCE PUBLIQUE

DU MÊME AUTEUR

Le Code civil et le Droit nouveau, 1904, 1 vol. in-16.

ÉTUDES ÉCONOMIQUES ET SOCIALES
Publiées avec le concours du Collège libre des Sciences sociales

III

LES TRANSFORMATIONS DE LA PUISSANCE PUBLIQUE

Les Syndicats de Fonctionnaires

PAR

MAXIME LEROY

PARIS, Ve
V. GIARD & E. BRIÈRE
Libraires-Éditeurs
16, RUE SOUFFLOT ET 12, RUE TOULLIER

1907

INTRODUCTION

Les critiques faites au régime parlementaire et au système de la légalité, toutes les observations, études et constructions doctrinales des juristes et des écrivains politiques ont pour point de repère commun, quels que soient les manières, les conclusions, les partis et les origines, la croyance en l'efficacité des lois. De cette croyance, la formule peut être donnée en ces termes : c'est aux lois promulguées, aux lois seules, à leurs règles préventives, à leurs commandements, qu'il appartient d'organiser les rapports sociaux.

Développée par les philosophes du XVIIIe siècle, héritiers des légistes de l'ancienne France, organisée par les députés des assemblées révolutionnaires, maintenue par tous les régimes, cette croyance, qui puise aujourd'hui son autorité dans la constitution de 1875, est le postulat officiel de notre organisation politique ; elle est aussi à la base de la méthode des historiens, des juristes, des publicistes, elle inspire cette activité parlementaire que le professeur Meynial a appelée la « folie législative » ; elle est donc un principe politique et une méthode d'action, enfin un critérium théorique ; elle gouverne, elle enseigne, elle critique, elle stigmatise.

Tout fait qui va à l'encontre des lois, les juristes le retiennent et le dénoncent illégalité, arbitraire, manquement et déviation aux principes nécessaires, ils le rejettent comme une erreur, une faute due à une mauvaise interprétation des règles écrites. La loi est le principe : tout ce qui s'écarte de la loi, il faut le ramener à elle, soit par la contrainte sociale, soit par une nouvelle loi ; toute infraction à ses impératifs est considérée comme illégitime, c'est du délit, de l'anormal. Le droit c'est la loi ; il n'est de droit que par la loi : voilà la « folie législative » que ne parviendront pas à guérir les théoriciens de la jurisprudence prétorienne.

Renversant l'ordre chronologique, l'Ecole a donné une valeur obligatoire à la coutume, c'est-à-dire à l'ensemble des règles nées spontanément, sous la pression des besoins, en la considérant comme la volonté présumée du législateur ; elle étend donc la conception de la loi écrite jusqu'aux règles juridiques non écrites de l'usage et de la tradition. La coutume, par la plus prodigieuse des fictions, n'est plus alors qu'une variété de la loi : c'est la loi écrite qui aurait créé la société, qui la dirigerait, comme, dans la théorie ancienne, le roi était censé diriger son divers et vaste royaume.

Attachés à un tel point de vue, les publicistes ne peuvent conclure normalement à la fin de nos maux politiques que par la meilleure application ou rédaction de quelques textes de loi ; ils réclament d'autres textes, la révision de la constitution. Le juriste qui voit toute la vie sociale au travers de la légalité, aux yeux de qui tout ce qui n'est pas légal doit être ramené à la loi comme à l'ordre et à l'harmonie, rejette au nom de loi, les règles empiriques et les illégalités sans chercher à voir si elles font système, si, par leur fréquence et leur permanence, elles ne constituent pas le droit effectif, la constitution réelle du pays. Tous les théoriciens, pleins d'une telle croyance, ne chercheront pas évidemment à expliquer la nécessité des déviations d'un droit positif ; ils voudront les détruire, ils les critiqueront en raison, conformément à leur type idéal, par un procédé qui les arrachera à leur milieu, à leurs origines, à leur déterminisme ; leur controverse n'aura nécessairement pour effet que de nous les faire apparaître comme évitables, ou « arbitraires ». Ainsi un juriste, dont l'autorité est grande à l'école, M. Garraud, parle du socialisme et de l'anarchisme comme de « deux *chancres* poussés sur la grande *hérésie* révolutionnaire du contrat social (1). »

Voilà ce qui donne une nature polémique à toutes les œuvres qui touchent à l'organisation politique, même aux plus sérieuses, même à celles qui visent au plus franc objectivisme. Si elles s'inspirent de faits précis, toujours soi-

(1) *Traité th. et prat. du droit pénal français*, supplément, 1895, p. 1.

gneusement collationnés et décrits, elles les interprètent tendencieusement, et, alors, bien loin de nous éclairer sur notre véritable état juridique, elles nous dissimulent sa forme, son rôle et les rapports de ses parties entre elles. Les descriptions, explications et constructions ne sont plus que la collection des griefs ou des louanges d'un juriste ou d'un publiciste contre une société qu'il n'aime pas, ou qu'il aime trop. Une telle méthode n'est-elle pas la négation de la nécessité historique et du déterminisme social, ne rend-t-elle pas impossible l'institution d'une science, d'une systématisation impartiale de tous les faits, qui, par principe, à ces yeux prévenus *pourraient* être autres qu'ils ne sont, qui *auraient pu* ne pas se produire ? Il n'y a plus ni pratique politique, ni science juridique, ni sociologie possibles. Il n'y a plus que des polémiques savantes entre politiciens de la chaire : car qui ne sait reconnaître les préférences politiques et religieuses de nos historiens, juristes et sociologues ?

Une autre méthode consisterait à envisager les textes légaux, leurs applications et leurs violations, leurs contradictions avec la coutume, comme les éléments de l'évolution, applications et violations également considérées comme nécessaires, sans discussion, *a priori*, comme des phénomènes inévitables. Il ne s'agirait plus alors de critiquer, ni de rejeter les illégalités comme des faits plus ou moins anormaux, exceptionnels et arbitraires, il ne s'agirait même plus de leur attribuer des épithètes, mais tout l'effort serait de les retenir tous comme la matière de notre statut constitutionnel, légal, au même titre que la légalité et la constitutionnalité, littéralement entendues. Les exceptions, les infractions, rentreraient dans le droit considéré désormais comme l'ensemble de toutes les règles de la sociabilité, sans distinguer entre les écrites et les coutumières ; elles seraient étudiées comme des phénomènes juridiques, tous également nécessaires, tous justifiables, témoignage d'une vie plus diverse, plus abondante que les réglements et les prévisions de l'homme, fût-il sage comme Minos et puissant comme Louis XIV. Ainsi l'effort du juriste, loin de tendre à éliminer certaines pratiques comme des déviations aux règles, aiderait à chercher leur explication en vue de les rendre à leur évolution, sans penser à critiquer ni à régenter les faits. Faut-il tant insister pour dire que l'historien, le juriste, le sociologue n'ont qu'à découvrir la véritable pratique juridique, sans autre ambition que d'être les serviteurs de la nécessité, sans autres croyances que les occultes et inexorables influences qui agissent sur tous les hommes d'une époque, qu'ils le veuillent ou non, influences par qui la science la plus objective est encore une philosophie. Dans toute théorie politique, ils devront faire deux parts pour la comprendre objectivement : d'abord elle exprime un temps, ensuite elle prétend diriger la société. Considérée comme impératif, toute théorie est *fausse* : qui croit encore sérieusement que les idées mènent le monde? Elle n'est alors à retenir que comme fait, comme témoignage historique. L'historien peut certes confronter les théories avec la pratique, mais cette confrontation devrait-elle jamais aboutir à la honte de la prévision politique ou doctrinale ? Sous peine de retomber dans la polémique, elle doit rentrer dans l'histoire et devenir un autre fait entre les mains de l'historien, qui ne cherche plus qu'à comprendre.

***

La Révolution a organisé un certain système de la loi, de l'autorité, affirmé une certaine doctrine de la loi et de l'autorité : d'où viennent ce système et cette doctrine, à quoi répondaient-ils, comment ont-ils évolué jusqu'à nos jours, quels sont aujourd'hui notre système et notre doctrine de la loi et de l'autorité ? C'est le problème que nous nous posons en vue d'essayer une systématisation de l'ensemble des faits juridiques actuels, sans référence exclusive à leur caractère légal ou constitutionnel.

La théorie de la loi, telle que l'ont formulée les constituants et les conventionnels est régalienne ; régalienne, la conception que se font aujourd'hui de la loi et du gouvernement les juristes, les hommes d'État et les justiciables ; régalienne par leurs tendances et par leur organisation. En abattant la royauté, la loi lui a pris une partie de ses caractères, faisant ainsi persister la monarchie jusque dans nos institutions républicaines, jusque dans le cerveau des socialistes, réformistes et révolutionnaires. Ainsi se rejoignent les temps.

Cette conception régalienne de la loi et de l'autorité, formulée par la bourgeoisie, est attaquée aujourd'hui par des faits et des doctrines, comme elle-même avait attaqué le pouvoir absolu du roi : il se forme une nouvelle pratique, encore bourgeoise, qui en développant le principe de l'égalité politique a institué la démocratie ; mais à son tour celle-ci se heurte à une autre pratique, celle du fédéralisme professionnel, élaborée par les syndicats et les associations d'ouvriers et de fonctionnaires. Nous assistons aujourd'hui à cette rencontre entre la démocratie, qui finit la monarchie, et le fédéralisme syndical, produit du prolétariat de la grande industrie, que l'on essaie vainement de confondre l'un dans l'autre. Développement de la démocratie, antagonisme entre la démocratie et le socialisme, voilà toute la crise de l'Etat moderne : crise constitutionnelle ou crise d'autorité.

L'importance des questions constitutionnelles était capitale à la fin du XVIIIe siècle et au début du XIXe siècle : la Constituante, les Constitutions révolutionnaires jusqu'à l'Acte additionnnel de Napoléon, Sieyès, puis la Charte avec les articles et brochures qu'elle suscite, de Bonald, de Maistre, Chateaubriand, Lanjuinais, Benjamin Constant, les discussions dans les Chambres de la Restauration toutes rapportées à cette Charte, le vote des grandes lois électorales de 1818 et de 1820, la création de chaires de droit constitutionnel dans les facultés de droit. On s'inquiétait du principe de la séparation des pouvoirs, de la responsabilité ministérielle, de l'inviolabilité parlementaire, de la dissolution des Chambres, du droit réglementaire, du contrôle du budget, du droit d'initiative, du cens, de la capacité électorale. La même préoccupation confondait tous les partis. La Proclamation adressée au peuple par les Députés, le 31 juillet 1830, disait : « Le duc d'Orléans s'est dévoué à la cause nationale et *constitutionnelle* ». 1830 s'est fait derrière la charte, sur une question constitutionnelle, c'est-à-dire sur une question d'autorité.

L'importance de ces préoccupations a décru progressivement jusqu'à nos jours, avec la défaite du parti révisionniste, de tous les partis monarchistes, avec la radiation des questions de revision constitutionnelle dans les programmes des républicains radicaux. L'indifférence constitutionnelle s'est développée dans les milieux bourgeois, mais d'ailleurs sans que les luttes et divergences politiques aient disparu, simplement atténuées en devenant des querelles entre partis semblables, sortes de répétitions tautologiques, malgré les différences d'étiquettes. Les différenciations entre modérés et radicaux n'ont plus rien des divergences entre ruraux et industriels, sous la monarchie postrévolutionnaire. Les uns et les autres sont également des modérés, avec des tactiques différentes.

Voilà l'origine de l'indifférence politique signalée par tous les publicistes et tous les hommes d'Etat: le pouvoir, l'exercice du pouvoir, son organisation, en est l'objet.

Cette indifférence n'a pas une signification négative, elle ne recouvre pas une véritable inactivité des hommes: elle signifie l'affaiblissement d'un régime ; l'activité des hommes ne s'emploie plus à son établissement. Il est question de moins en moins du pouvoir : il ne s'agit certainement plus, ni de l'établir, ni même de le renouveler; il n'y a plus que des actes conservatoires n'engendrant aucune passion : c'est la démocratie, c'est-à-dire le régime de l'égalité civile. « Entre des êtres égaux, écrivait Lamennais dans son *Essai sur l'indifférence religieuse*, il n'existe naturellement ni devoirs, ni droits, ni sujets, ni pouvoir, ni par conséquent d'ordre possible... ». Ses membres égaux, la classe bourgeoise cesse de se disputer elle-même pour la prééminence du pouvoir; elle devient indifférente vis-à-vis d'elle-même. C'est ainsi que l'on peut dire que l'indifférence politique est congénitale à la démocratie.

La démocratie établie, il n'y a plus à se demander si le peuple est souverain, si la majorité a le droit d'opprimer la minorité, ni même à se demander comment limiter le pouvoir du nombre par la représentation des minorités : avec l'égalité, doit disparaître le supérieur légitime, il disparaît à mesure qu'elle s'établit ; il n'y a plus de minorité, ni de majorité, ni d'oppression possible, car il ne peut y avoir une question contentieuse de majorité, c'est-à-dire comportant des différences de pouvoir, que lorsqu'il y a inégalité.

L'indifférence en matière politique de la démocratie n'est donc pas le signe d'une déchéance de la curiosité de l'esprit, ni le signe de l'oubli de la solidarité sociale, elle n'est ni de l'égoïsme, ni de la paresse, ni de l'immoralité : elle clôt en elle-même l'évolution d'un principe, l'autorité ; d'un état de fait, la dépendance des plus faibles, traduite dans divers mots ou formes constitutionnelles, mais réductibles à un terme unique, à ce terme unique : le gouvernement. Elle recouvre ce vaste mouvement d'émancipation individuelle de la bourgeoisie qui eut pour effet le rejet de la féodalité et de la monarchie. C'est l'effort millénaire qui de la féodalité va à la monarchie absolue, de la monarchie absolue à la monarchie constitutionnelle, à l'égalité civile, autant d'étapes au cours desquelles l'homme a manifesté son indifférence ou sa désaffection pour le seigneur, pour le roi, enfin pour le Parlement.

Ramenée à ses origines historiques, cette indifférence apparaît comme un fait nécessaire : il n'y a pas à essayer de la détourner de sa longue évolution. Tous les essais de réforme parlementaire, de révision constitutionnelle, l'augmentation des pouvoirs du Président de la République, l'adjonction du Conseil d'Etat au Parlement restent et resteront impuissants à ramener l'homme aux préoccupations anciennes ; leur rappel ne le passionne plus; elles aideront même involontairement à l'évolution, comme ce Chateaubriand ou ce Joseph de Maistre qui ne savaient pas qu'en servant la monarchie et la légitimité ils servaient la Révolution, jusque par leurs opinions et leurs actes les plus autoritaires et les plus théocratiques, y compris la guerre d'Espagne, entreprise pour la gloire bourbonnienne. Chateaubriand qui dans ses *Mémoires* se loue d'avoir entrepris cette guerre au nom de la légitimité, ne faisait que réveiller la gloire militaire de Bonaparte. Cette gloire militaire, Bonaparte, c'était la monarchie élue, c'est-à-dire la Révolution : cela est si vrai que Chateaubriand finira par se dire républicain, rien qu'au souvenir de cette promenade, la grande pensée de son court ministère. Ainsi les bourgeois qui se mirent à la fenêtre pour voir défiler les futurs vainqueurs du Trocadéro avaient, sans le savoir, regardé passer le cortège funéraire de la monarchie. Louis XVIII se faisait citoyen avant Louis-Philippe.

Il y a des faits nombreux qui vont dans le même sens, ils concordent, font système ; c'est la nécessité qui les unit et qui les explique : comprenons-les comme ils se présentent, dans leur complexité et leur évolution, en y faisant rentrer même les théories qui prétendent les violenter, parce qu'elles sont accrochées à eux, déterminées par eux : nous aurons alors une vue objective de notre état public, de nos rapports sociaux, de notre constitution démocratique ; alors apparaîtront dans leur unité tant d'efforts qui se combattent et se nient, comme ces programmes des Montagnards et des Girondins dont la postérité, par la plume de M. Aulard, ne sait déjà plus distinguer les différences.

Le Parlement, succédané du roi : ses prérogatives retournent aux individus, se perdent dans la collectivité, par les droits législatifs que s'arrogent les juges, le Conseil d'Etat, par tous les cas d'intervention de l'exécutif ramenés par les théoriciens à une délégation législative, par le règlement d'administration publique, par les attributions concédées aux corps électifs, enfin par l'ingérence parlementaire elle-même qui n'est au fond que le signe d'une dépendance électorale étroite : le souverain n'est plus qu'un fonctionnaire. Le pouvoir judiciaire est plus que jamais diminué par le contrôle de l'opinion publique, qui a trouvé son organisation dans la « Ligue des droits de l'homme » ; le droit large d'interprétation qu'il prend n'étend pas à vrai dire son droit de souveraineté ; là son arbitraire n'est qu'apparent ; il est lié aux conventions des parties, aux faits des procès ; c'est ces conventions, ces faits qui lui dictent sa sentence ; c'est eux, c'est l'intérêt social qui le pressent d'élucider la loi, c'est-à-dire le commandement démocratique. Le pouvoir exécutif est fait prisonnier dans le ministère de l'Intérieur : les associations créées conformément à la loi de 1901, les syndicats le discutent, le limitent, le socialisent ou le démocratisent, selon le point de vue auquel on se place ; le Conseil d'Etat restreint son arbitraire, l'enferme dans le droit, l'oblige au respect de ses décrets, le met au régime de la légalité. Ainsi ces conseillers d'Etat amovibles pipent le tyran au jeu de son arbitraire, comme autrefois le roi qui en vendant des offices en vertu de son pouvoir absolu, créa involontairement l'inamovibilité des officiers publics, par impuissance à rembourser leur finance. La loi descend de ce Sinaï d'où Carnot la faisait rayonner métaphoriquement au cours d'une discussion à la Convention; elle cesse de figurer une volonté individuelle, le roi ou le supérieur légitime, comme parle Demante, voire même Dieu : elle perd ses vieux attributs de généralité, de permanence, de fixité; elle se met au service de la démocratie, et comme le député est devenu fonctionnaire, tombée en un rang subalterne, elle ne cherche plus qu'à être la fonction de la nécessité et de la science.

Naguère délégué, fiction par où les juristes justifiaient l'abstention et l'impuissance du grand nombre, le pouvoir se répand dans les associations où se concertent les intérêts privés, ou les individus se soumettent à leurs lois, aux lois qui dérivent des besoins particuliers de leurs intérêts, sous la détermination inéluctable de la solidarité ; il n'y a plus de pouvoir dans la démocratie : le pouvoir n'est que de l'administration, une fonction, une collaboration, une entente, des contrats, les mille moyens qu'emploient les hommes entre eux, lorsqu'ils sont de même force et de même culture. On dit alors que le pouvoir meurt, que le respect s'en va, que la société est anarchique, qu'il n'y a plus de religion. Il est vrai : c'est l'égalité, c'est la démocratie; un ensemble d'institutions et d'associations prennent la place du vieil ordre régalien et religieux. Des hommes égaux s'administrent entre eux, il est inconcevable qu'ils se gouvernent. Il faut dire que le roi qui persévère dans le parlementarisme sous l'artifice constitutionnel de la souveraineté nationale, déchu du gouvernement par ses amis eux-mêmes, ne règne presque plus.

La démocratie est un mouvement contre le pouvoir, mais seulement vis-à-vis d'elle-même, au profit de ceux qui bénéficient de l'égalité civile. Dans ses rapports avec la classe ouvrière, elle se ressaisit : l' « anarchie » disparaît alors pour faire place à la force, l'irreligion à la « religion pour le peuple », à la contrainte, effet nécessaire de l'inégalité économique. Envisagée de ce côté, la démocratie connait l'autorité, elle l'aime, et elle en use ; elle s'affirme même autoritaire dans toute cette partie d'inégalité ; c'est le jacobinisme. Actuellement, on peut donc dire qu'il y a une « anarchie bourgeoise », une absence de pouvoir qui profite à la bourgeoisie, trop souvent dénoncée par les publicistes pour que nous doutions de sa réalité ; du reste elle est visible. Mais cette « anarchie de classe » ne correspond nullement à un non-gouvernement profitable à tous les individus vivant dans le milieu démocratique : elle cesse au moment où la démocratie entre en rapports, et en conflits, avec ceux qui ne peuvent profiter de l'égalité civile. La démocratie n'est donc qu'un régime de liberté et d'égalite de classe : elle exprime ce fait que le pouvoir est impossible entre individus égaux. Mais elle ne peut rien pour diminuer l'inégalité économique : voilà pourquoi, il y a une Puissance publique régalienne dans l'Etat démocratique.

Il y a une autre indifférence politique, l'indifférence politique de la classe ouvrière qui rejoint l'indifférence bourgeoise, mais sans se confondre avec elle : l'une est la fin d'un régime usé, incapable de trouver de nouvelles formes constitutionnelles, vraiment neuves et fortes, condamné à l'arbitraire des fins de pouvoir ; le régime vit sur lui-même, il se ramasse sur sa force traditionnelle dans un effort où elle se tend tout entière ; l'autre est le commencement d'un nouveau régime, c'est la négation du passé, le refus de continuer à le servir, à le défendre, à l'augmenter, à se confondre en lui. La classe ouvrière se cherche et trouve la meilleure expression de son antagonisme dans la négation de la politique, c'est-à-dire de l'ensemble des forces qui la maintiennent dans le salariat ; elle n'est indifférente qu'à la politique bourgeoise : elle aussi nie l'autorité ; mais là acte d'impuissance, elle est ici signe de force et de nouveauté.

L'indifférence politique, la fin de la « foi politique », signalée par Waldeck-Rousseau, est bien la fin de l'évolution de la bourgeoisie : cela veut dire qu'elle n'a plus la force de forger de nouvelles armes pour maintenir son hégémonie. En face d'elle se dresse une classe ouvrière, recrutée jusque dans les administrations publiques, qui n'est indifférente que vis-à-vis de la conservation de cette foi, mais non vis-à-vis d'elle-même, classe ouvrière : vis-à-vis d'elle même, elle manifeste, au contraire, une grande ardeur politique et constitutionnelle ; de cette ardeur, les associations de fonctionnaires, les syndicats d'ouvriers, les fédérations, la Confédération générale du Travail sont les œuvres et les témoignages. Ces œuvres tarissent les sources du recrutement de la démocratie.

*
* *

Rien n'est plus complexe que cette évolution double à laquelle nous assistons en témoins batailleurs et plus ou moins hypocrites.

La plupart des juristes et des hommes politiques considèrent que les changements continus de l'organisation sociale sont dus à une force interne, à une nécessité de mouvements, plus ou moins indépendants des conditions extérieures, que cette force, suffisante pour toutes les transformations, contient en elle toute les virtualités, qu'il suffit de la laisser agir : si le socialisme doit se réaliser, pensent-ils, il se produira inévitablement, comme la résolution d'un problème de géométrie vient des théorèmes et des corollaires précédemment posés.

Tarde, notamment, a critiqué cette sociologie paresseuse dans ses *Transformations du droit*, il l'a critiquée justement, comme heurtant l'expérience. Sa critique, faite à un point de vue historique, rejoint la pratique des syndicats et des associations de fonctionnaires : rien n'est plus opposé à l'action syndicale que cette croyance à une sorte de prédestination sociologique.

Posée en règle absolue, dans la forme courante, la loi de

l'évolution apparaît moins comme un axiome que comme une affirmation de philosophie, une croyance de combat. En fait, elle signifie que la transformation s'opère par en haut, par ceux qui détiennent le pouvoir politique, organe tout à la fois des traditions et des nouveautés, celles-là grosses de celles-ci : elle enseigne que l'initiative doit rester aux classes supérieures, possédantes ; conseille d'abandonner la direction du mouvement social à la conduite de ceux qui la possèdent actuellement, aux législateurs, en laissant au dehors ceux qui, ne détenant rien de la tradition, ne détiennent par conséquent rien des virtualités de la nouveauté : voilà bien de la sociologie d'une espèce monarchiste.

Si les transformations sociales s'opéraient de cette façon, nécessairement par en haut, toute révolution serait impossible, même tout progrès pacifique ; car si la nouveauté était toute entière dans la tradition, comment supposer que les individus étrangers à cette tradition (aujourd'hui les salariés) pourraient jamais obtenir quelque chose qui corresponde en propre à leur situation : rien ne naît de rien ; et comment supposer, d'autre part, qu'en ces classes supérieures soient les germes nécessaires à l'émancipation des hommes étrangers à leur tradition ? Conçoit-on que les principes destructeurs de l'autorité, de la famille, de la propriété, de la patrie, posés par le syndicalisme professionnel, ne soient que le développement logique, nécessaire des principes civils de la propriété, de la famille, de la patrie ? A la vérité, c'est autre chose : on le voit bien à l'antagonisme que chaque heure révèle entre la loi et l'action ouvrière. On cherche vainement les points de contact et la pénétration. « Parmi les trois mille syndicats environ de patrons et d'ouvriers qui sont connus, il n'y en a qu'un fort petit nombre qui ne soit pas en contravention avec la loi. » Ainsi parlait un Garde des Sceaux devant la commission du Travail de la Chambre, à la date du 12 février 1894 ; c'est toujours vrai.

Si les transformations n'ont pas ce caractère mécanique et régalien que certains théoriciens leur donnent, on ne peut cependant nier qu'il n'y ait une évolution ; il suffit de regarder autour de soi pour la voir. Le droit de la bourgeoisie se transforme, s'enrichit, en certaines parties, de règles nouvelles, s'appauvrit en d'autres points, faute de fonctionnement, d'utilité. Les lois et les jurisprudences se succèdent, sans trop dissembler. Il y a donc évolution ; il faut même dire que les modifications qui la constituent restent dans le système initial : les règles nouvelles les plus révolutionnaires sont encore bourgeoises ; elles ne vivent, n'ont d'effet que parce qu'elles restent attachées à la tradition, où elles se gorgent de légitimité. Il y a un développement rendu nécessaire par une extension des rapports sociaux, il y a démocratie, agrandissement large et profond de l'égalité civile, mais développement qui se déroule sur des chemins séculairement tracés, sur un pavé de roi, évolution sur un champ de manœuvre préalablement aplani par les évolutions précédentes plus simples, plus restreintes.

Cette évolution est abondante, mais cependant on voit

qu'elle ne dépasse pas une certaine limite ; l'observation oblige à conclure que si l'évolution dépassait cette limite, ce serait la mort pour les institutions auxquelles elle s'appliquerait. On ne peut pas ne pas voir que quelque chose les retient à la tradition dans toutes les directions où elles tendent. L'évolution est prisonnière : au-delà de cette limite ce n'est plus elle, c'est un inconnu imprévisible, la subversion, la révolution.

Jaurès, plus ou moins inspiré par la sociologie mécaniste, a essayé de prouver dans une série d'articles de la *Petite République* que les transformations de la propriété civile finiraient par créer une propriété nouvelle : la propriété sociale ; il a pensé en trouver la preuve dans la législation démocratique qui semble, en effet, avoir détruit déjà une grande partie de l'individualisme du code. Si sa démonstration était exacte, la preuve serait faite qu'il y a dans les institutions juridiques de la bourgeoisie une virtualité infinie d'évolution, au-delà même de leurs règles constitutives ; et nous pourrions espérer que l'évolution capitaliste, plus puissante que le roi d'Angleterre, pourrait, en renvensant le brocard des légistes anglais faire enfin d'un homme une femme. Espoir dont il sera sans doute prudent de se garder.

Jaurès a cru voir dans l'usufruit, l'usage, l'habitation, les services fonciers ou servitudes, et autres droits semblables, des « démembrements » du « droit plein » de la propriété. « Il reste vrai, écrivait-il, que même dans les rapports bourgeois, même dans la sphère des intérêts bourgeois la propriété individuelle ne forme pas un absolu, un bloc indivisible, mais qu'elle se dissocie, et se dissout (1) ». Il faut répondre au citoyen Jaurès que tous ces « démembrements » ne sont qu'en apparence collectivistes, constituant en fait les règles nécessaires au jeu individualiste de la propriété, bien antérieures aux démocraties modernes. S'ils nient le droit du propriétaire à un point de vue absolu, mais chimérique, ils l'affirment au point de vue social et positif. Sans ces « démembrements », toute propriété individuelle serait impossible ; la politique ignore l'individualisme juridique absolu, le droit romain lui-même l'a ignoré, pour cette raison générale que les hommes en vivant en société se conditionnent mutuellement, réagissent les uns sur les autres : ils n'attaquent pas la propriété individuelle.

Si l'on prend une autre matière, la procédure administrative du recours pour excès de pouvoir par exemple, c'est à une constatation analogue que l'on aboutit : on voit l'extention du recours s'arrêter, en quelque sorte nécessairement, au point où l'équilibre du régime serait atteint. C'est une procédure très utile, une garantie efficace contre le pouvoir ; mais les mots mêmes marquent que le pourvoi n'attaque pas le pouvoir : il vise ses excès seuls ; par là est sauve l'autorité qu'il épure. Maintenu intangible, le pouvoir se développe, se démocratise, si l'on veut, comme se modifie

(1) Jean Jaurès, *Etudes socialistes* (Ed. des *Cahiers de la quinzaine*), p. 165. Ce livre est la réunion des articles de la *Petite République*.

la propriété, mais sans changer de caractère ; au-delà de ce recours nous ne voyons pas, et personne ne voit les sociétés libres de producteurs, à peine la collaboration entre les fonctionnaires et les chefs de service, qu'annoncent les fédérations professionnelles ouvrières et administratives. Pour preuve, il suffit de se reporter à ces quelques lignes d'un maître très éminent de l'Ecole de Droit, M. Maurice Hauriou, qui en signalant sympathiquement ce moyen de défense mis à la disposition des administrés, a bien soin d'en maintenir le caractère autoritaire : « Partout le Conseil d'Etat fait reculer l'antique préjugé d'après lequel les fonctionnaires seraient sous la main de la puissance publique au point de ne pouvoir ni discuter la légalité de ses actes, ni faire valoir contre elle des droits. Il confirme... que les fonctionnaires sont des *citoyens* ou des sujets spéciaux, chez lesquels la *sujétion*, bien qu'à certains égards plus étroite, ne détruit cependant pas les deux prérogatives essentielles de tout sujet libre d'un État soumis au régime du droit : *l'aptitude à réclamer, dans le commandement même*, l'exacte application de la loi, et, par conséquent, à se plaindre de la violation de celle-ci ; l'aptitude à se porter tiers et à réclamer les droits d'un tiers toutes les fois que, vis-à-vis de la puissance publique, leurs rapports de sujétion se sont compliqués de rapports de gestion (1) ». Le pourvoi ne touche donc ni à la sujétion spéciale, ni au commandement.

(1) Sirey, 1904. 3. 121 (note).

Tout ce qui est spécifiquement ouvrier et syndical reste dans les syndicats : la lutte avec le patronat développe ces virtualités de classe, comme elle développe vis-à-vis d'elle les virtualités de la classe bourgeoise. Il y a une évolution socialiste, mais cette évolution se fait dans la classe ouvrière ; elle n'a rien de commun avec l'évolution bourgeoise. Il y a simultanéité des mouvements, qui n'ont de commun que la communauté du même système économique : l'industrialisme. L'une et l'autre évolution, la démocratie et le socialisme, se développent donc sous la dépendance des mêmes conditions techniques, mais ils s'écartent progressivement l'un de l'autre à mesure que le plus faible se précise, prend conscience de lui-même, s'organise, se discipline. Nous voyons malgré une législation sociale abondante, dont de nombreux textes sont utiles, bienfaisants, s'opposer de plus en plus le prolétariat à à la bourgeoiste ; les deux classes se différencient, sans parvenir à se rejoindre, malgré les efforts des politiciens trop habiles et des philanthropes trop peu avisés.

Ce n'est pas à dire qu'il n'y ait continuité historique ; mais simplement que cette continuité n'est pas une. Indivise à un moment, elle a pris deux directions qui s'écartent de plus en plus l'une de l'autre, tout en s'influant réciproquement d'ailleurs, la bourgeoise et la prolétarienne : division visible vaguement dès les compagnonnages. Nous pouvons ainsi suivre les deux mouvements, *comme deux séries logiques* ; chacune nous présente bien le type d'une évolution mais que les évolutionnistes ont voulu confondre, contrairement à toute observation historique. On retrouve, en l'une et l'autre, une nécessité historique, mais cette nécessité, dont nous voyons l'effet dans le passé, nous ne devons pas oublier qu'elle reste soumise à l'effort de chaque classe d'intéressés et aux nouveautés tout-à-fait imprévues du développement industriel. L'une développe l'Etat, l'autorité, l'autre le nie et prépare le fédéralisme professionnel, la discipline contractuelle : ce conflit, c'est presque tout le sujet de ce livre.

CHAPITRE PREMIER

LE PROBLÈME DE L'ÉTAT

Les associations de fonctionnaires et l'hostilité du Gouvernement à leur égard ont posé devant l'opinion le problème même de l'Etat moderne ; elles ont révélé la crise qui affecte les services publics au point de vue de la technique et du personnel, en même temps que l'autorité des gardiens constitutionnels de la hiérarchie : les ministres et le Parlement.

On voit, d'une part, des associations de fonctionnaires qui prétendent se former pour ramener la discipline dans les administrations ; d'autre part, des ministres qui frappent ces associations, parce qu' « elles mettent en échec la puissance nécessaire de la hiérarchie ». L'opinion, un grand nombre de fonctionnaires mêmes, ignorant leurs droits et l'évolution de l'Etat depuis le commencement du XIXe siècle, ne savent quelle conduite tenir, oscillent entre le respect d'une tradition à laquelle l'ordre semble inéluctablement attaché et la critique d'une organisation de plus en plus gênante. Il n'y a d'ailleurs pas plus de certitude dans les conseils du Gouvernement et à la Chambre, où les conceptions se succèdent, sans toujours donner l'impression que les hommes politiques savent qu'il y a un bien public, une technique administrative et une incessante évolution des besoins communs.

Il y a un problème de l'Etat, de l'autorité, c'est-à-dire de l'administration ; qui en doute ? Il a fait l'objet d'études nombreuses ; c'est la plus riche matière polémique. Des publicistes et des économistes, MM. Paul Leroy-Beaulieu, d'Avenel, Charles Benoist, lui ont consacré des livres importants ; mais aucun d'eux n'a proposé de solutions satisfaisantes. On ne s'entend que sur le mal ; le mal est évident. Il a reçu beaucoup de noms, mais soit qu'on le ramène à un excès d'autorité, soit à un relâchement de la hiérarchie, chacun est bien convaincu qu'il n'y a pas coïncidence entre les services publics et les intérêts collectifs ; chacun pense même qu'il y a désharmonie. C'est ce que l'on appelle couramment, d'une part, l'impuissance législative, et, de l'autre, l'anarchie administrative. « Le mal de l'Etat moderne, il ne servirait à rien de chercher des périphrases, écrit M. Charles Benoist, dans sa *Crise de l'Etat moderne*, c'est l'anarchie, dans la paix de la rue, une anarchie sourde, lente, partout diffuse en lui et qui lui est comme congénitale (1). »

Amateur de hiérarchie, le public distingue entre l'Etat et l'administration, irrité seulement contre l'administration, confiant dans l'Etat. Mais ses critiques, c'est des sautes de colère ; au fond de lui, il n'y a ni conscience des be-

(1) P. 14.

soins généraux, ni intelligence des méthodes nécessaires à leur satisfaction ; mécontent des bureaux, il ne pense qu'à renforcer leurs prérogatives. Il en veut aux employés, aux hommes d'Etat; il croit qu'un changement dans le personnel donnera la solution du problème. La nation croit toujours aux bons tyrans. Or, il est certain que les administrés, en rendant les fonctionnaires responsables des méthodes administratives, ne peuvent atteindre le but qu'ils ont en vue ; les personnalités les empêchent de voir le ressort qui meut les administrations : ils ne voient que des hommes, qu'ils nomment et connaissent, dénoncent aux justes vindictes ; ce qui leur échappe, c'est le système, la distribution du travail, la méthode du Gouvernement dont ils sont eux-mêmes les prisonniers absolument comme les fonctionnaires, ni plus ni moins, par le fait de l'inégalité économique que défend la hiérarchie administrative, organe de l'autorité publique.

Les employés de l'Etat seraient la cause de tout le mal ; d'eux, on en appelle au roi, à la fiction de la bonne autorité impersonnelle. C'est à eux qu'est attribuée toute la responsabilité : d'ailleurs quel est le contribuable qui n'a eu à se plaindre d'une administration, avec les meilleures raisons du monde ? L'opinion est donc contre eux. Des journaux ont même ouvert des rubriques spéciales, pour permettre au public de faire connaître ses griefs. Les publicistes dénoncent un pays qui, d'après la dernière statistique, comprendrait environ 800.000 fonctionnaires. Trop de services publics, trop de fonctionnaires, des fonctionnaires incompétents, paperassiers, routiniers : voilà l'avis commun.

L'opinion de la majorité des Français, le *Temps* l'a exprimée dans les termes suivants, avec clarté ; c'est un bon résumé.

« Les fonctionnaires ne sont pas des citoyens comme les autres. Leur situation n'est nullement assimilable à celle des ouvriers de l'industrie privée. Ils possèdent de nombreux et précieux privilèges que n'ont pas les employés qui sont au service de simples particuliers. Les fonctionnaires sont en fait inamovibles, puisqu'il faut pour les révoquer qu'on ait à leur reprocher une faute grave ; ils sont assurés d'un avancement régulier ; ils ont une retraite pour leur vieillesse : ils bénéficient, en un mot, d'une complète sécurité. En échange de ces avantages, qui sont évidemment très enviables en un temps où la lutte pour la vie est si âpre, ils ont à remplir des devoirs spéciaux, et c'est justice Donnant, donnant. L'Etat qui les traite si paternellement a bien le droit de leur imposer certaines obligations, qui se résument, du reste, en une seule : la discipline. Il faut que les fonctionnaires soient disciplinés, parce que s'ils ne l'étaient pas, les grands services d'utilité publique ne marcheraient plus. Par le fait que l'on accepte d'être fonctionnaire — et nul n'y est obligé, il y a toujours dix mille candidats pour une place — on signe un contrat tacite par lequel on aliène, contre rémunération, une partie de sa liberté, en vue de l'intérêt général (1) ».

En un autre article, le même journal complétait sa manière de voir par cette observation empruntée à un homme politique, qui reflète bien, elle aussi, l'opinion courante : « Il y a quelques semaines, au Conseil général de l'Isère, M. Gustave Rivet combattait, à propos d'un vœu présenté par un socialiste, la thèse de l'identité du droit des fonctionnaires et des droits du citoyen. » « Personne, disait-il, n'est obligé de devenir fonctionnaire. » Là c'est la vérité. »

Une autre complication du problème actuel de l'Etat vient de la constante croissance de ses services à laquelle ne paraît pas liée, même aux yeux des moins prévenus, une augmentation de la liberté individuelle. L'Etat fait et vend des cigares, de la poudre, des objets d'art, des armes, il construit des routes, des canaux, des bateaux, il est transporteur, commissionnaire, postier, téléphoniste, télégraphiste, il est journaliste, bibliothécaire, médecin, philanthrope, collectionneur, maître d'école, manufacturier, architecte, armateur, il est même bookmaker ; il est enfin riche propriétaire de meubles et d'immeubles, de vastes forêts, de maisons de rapport et de châteaux de plaisance. Les simples particuliers sont en présence de ce développement des services et de la propriété de l'Etat : quelle conduite doivent-ils tenir à l'égard d'un mouvement dont les économistes n'ont pu avoir raison ? quelle attitude prendre ?

(1) N° du 10 aout 1905 : « Un syndicat de fonctionnaires ».

On remarquera que l'État cherche à soumettre à des règles d'autorité tous les nouveaux services, dont le caractère privé est cependant évident même aux yeux les moins perspicaces, dont le caractère privé est même si évident qu'il a fourni aux économistes leur meilleur argument contre le développement de l'État ? S'il en est ainsi, si le caractère privé de toutes les entreprises où l'État fabrique, vend, achète, transporte des matières premières, des objets manufacturés, des colis, est indéniable, n'est-ce pas un devoir de résister à ses prétentions d'omnipotence ? Si l'État fait le marchand et le fabricant, devons-nous hésiter à demander qu'il soit soumis à des règles tirées du Code civil et du Code de commerce, à la commune responsabilité des patrons, aux tribunaux judiciaires ? Si les services techniques et industriels se multiplient, la question se pose de savoir s'il est convenable qu'il y ait là une cause de restriction pour la liberté individuelle des particuliers et des agents de ces services collectifs sous le prétexte de l'éminente dignité de l'État ? Mais, d'autre part, si le champ de l'autorité est restreint jusque par les offices du Conseil d'État jugeant au contentieux, on ne sait encore précisément dans quelle limite il est convenable d'aider à cette diminution ; si les fonctionnaires échappent au droit discrétionnaire des ministres, on se demande dans quelle mesure il est utile de seconder cette émancipation : est-il avantageux de soumettre l'État, en toutes circonstances, à des règles précises, sans se préoccuper des survivances d'ancien régime que la théorie contemporaine appelle les actes de puissance publique? Ne faudrait-il pas craindre, par contre-coup, un amoindrissement de ses privilèges spécifiquement régaliens, jusqu'alors mis à l'abri, par principe, de toute discussion autre que celle de la souveraineté nationale, organisée constitutionnellement? Autant de questions laissées sans indications par l'évolution, questions controversées qui posent le problème de l'État moderne, infiniment complexe, dont les moindres difficultés, sérieuses cependant, viennent de ses éléments juridiques qui permettent toutes les incertitudes.

On entend le public demander à être entendu, il demande à imposer ses commodités, qui ne peuvent être arbitraires du moment qu'elles sont collectives; les employés veulent être considérés comme les parties vivantes du service, douées de réflexion; ils réclament le droit d'indiquer les modifications que leur inspire la pratique quotidienne. Tout cela en tendant à subordonner l'État au public, tend à le rendre justiciable de ce droit commun, où les âges ont déposé le bon sens du commerce, la finesse des hommes de loi et l'audace frondeuse de la vieille bourgeoisie municipale: voilà l' « anarchie. »

Quelques-uns se tournent alors vers le Parlement pour exiger les réformes unanimement désirées, mais le plus grand nombre ne commence-t-il pas à voir que le Parlement, trop occupé par les querelles de partis, incompétent en matière technique, enfin prisonnier de sa clientèle électorale, est incapable d'assurer le contrôle efficace de la discipline et du travail, dans les administrations ?

Sans leur manquer de respect, il faut dire que le Parlement et le ministre sont incompétents ; ce sont des politiciens sans qualité pour discuter aménagements techniques. Au reste, la remarque n'est pas nouvelle : il y a longtemps que l'on a signalé dans les préoccupations du Parlement la prédominance des questions politiques sur les questions d'ordres juridique et technique. C'est précisément à cause de leur caractère purement technique que le professeur Moreau explique l'indifférence du Parlement à l'égard des lois d'ordre administratif ; il va même jusqu'à écrire que le Parlement « devient de moins en moins propre à la législation en général. De ses fonctions essentielles, la législative et la politique, celle-ci tend à effacer l'autre ; effet nécessaire peut-être du régime parlementaire qui institue en permanence la lutte des partis pour le pouvoir exécutif... Sauf des exceptions de plus en plus rares, le Parlement ne discute sérieusement que les lois qui se rattachent à la politique ; il accueille et vote distraitement les lois techniques. » (1)

L'incapacité du Parlement en qualité de promoteur est connue, celle de contrôleur administratif ne l'est pas moins ; elle a été signalée à la tribune du Sénat, par un Président du Conseil, M. Rouvier, avec une brutalité qui d'ailleurs ne décèle pas la moindre émotion civique : « Il

(1) *Le Code civil.* Livre du centenaire, publié par la Société d'études législatives, 1904, t. II, p. 1045.

ne faut pas reprocher au Gouvernement des abus qu'il appartient au Parlement d'empêcher de naître, d'exciter, et qu'il a jusqu'ici tolérés... On m'a bien signalé, en dehors de cette enceinte, des cas qui ne sont pas défendables, mais ils remontent à des ministères depuis longtemps disparus. Permettez-moi de vous dire que s'il y a quelqu'un de fautif dans la circonstance, c'est le Parlement ». (1)

Au reste, voici un de ces cas qu'aurait pu citer le Président du Conseil, dans une matière qui cependant ne touche pas aux personnes considérées comme individus, comme clients électoraux.

Un amendement Bouge, voté en 1895, accordait certains avantages aux agents des postes ; c'était une réforme générale. Il était conçu en ces termes : « Augmenter le crédit du chapitre V d'une somme de 600.000 francs, afin que, dans le calcul de l'avancement et de l'ancienneté des agents des postes et des télégraphes (anciens militaires), il soit tenu compte à ces agents, comme services actifs dans l'administration, de la moitié du temps passé par eux sous les drapeaux. » Comme le fit remarquer M. Sembat, dans son rapport sur les postes de 1906, l'administration « équivoqua sur ce texte qui cependant ne laissait place à aucune équivoque ».

Tous les anciens militaires auraient dû bénéficier des dispositions votées. L'Administration des Postes, qui, pendant

(1) *Journal officiel*, n° du 21 avril 1905.

de longues années, s'était opposée à l'adoption du principe de cet amendement, crut cependant devoir établir une distinction et scinder son personnel en deux catégories :

1° Les agents qui avaient accompli leur service militaire après leur entrée dans les postes (militaires d'après), et auxquels elle appliqua les dispositions de l'amendement ;

2° Les agents qui avaient accompli leur service militaire avant leur entrée dans les postes (militaires d'avant), et auxquels elle refusa le bénéfice de l'amendement.

De 1896 à 1902, les agents lésés se plaignirent ; la Chambre vota des vœux et des résolutions pour leur donner satisfaction : malgré tant d'actes parlementaires, ils n'obtinrent gain de cause qu'après huit ans d'efforts, par un décret en date du 11 novembre 1903, rendu enfin sur les injonctions de l'article 80 de la loi de finances de 1902.

M. Waldeck-Rousseau a précisément dit, il y a quelques années, dans un de ses meilleurs discours, qu'il trouvait les origines de l' « affaiblissement de la foi politique » dans « le spectacle qu'a donné, surtout ces dernières années, la vanité des efforts parlementaires et la démonstration, hélas ! vivante, que l'on peut concilier ces deux choses en apparence irréconciliables : une stérilité relative avec une agitation perpétuelle ». (1)

Voilà le fait, voilà la plainte, dont il n'y a lieu ici que de marquer l'intensité et la généralité, sans chercher à les discuter. Le fait, il n'y a qu'à ouvrir les yeux pour le voir ;

(1) Discours de Saint-Mandé, le 8 juillet 1896.

quant à la plainte, elle a suffisamment haussé la voix pour que chacun l'ait entendue distinctement.

Or qu'arrive-t-il aujourd'hui ?

Au Parlement, à la Presse, aux ministres, à l'opinion, tous incapables d'apporter des remèdes, se substitue l'intéressé lui-même ; le fonctionnaire prend la parole. Voilà le fait, le plus important qui se soit produit dans l'histoire des administrations depuis leur transformation de services du prince en services de la nation. Les employés, plus victimes que bénéficiaires du régime de la faveur, prétendent prendre en mains la défense de leurs intérêts professionnels en vue d'assurer, en même temps que la régularité des services au regard du public, la certitude de leur vie et la dignité de leur salaire.

L'entrée en scène de tous ces hommes parqués dans la discipline a modifié singulièrement l'allure du problème de l'Etat. Ce sont les fonctionnaires qui réclament contre l'arbitraire ; ils se joignent au public, qui ne reconnaît pas encore en eux ses alliés : grande coïncidence d'intérêts, qui bientôt apparaîtra avec tous les signes de la nécessité.

« Crise du fonctionnarisme », a dit le professeur Berthélémy, au cours d'une conférence (1), qui avait pour objet d'étudier les divers faits dont l'opinion est le témoin incompétent et étonné à la porte des administrations. C'est une

(1) Conférence faite à la Sorbonne, sous les auspices de la société des Amis de l'Université. Compte rendu dans le *Temps* du 27 janvier 1906.

vue singulièrement étroite que de restreindre ainsi à une crise du personnel le mouvement qui pousse les fonctionnaires publics à l'association : c'est l'ingérence parlementaire qui est en jeu, c'est le système politique de la constitution de 75, c'est la méthode administrative, c'est tout l'ordre économique qui reçoit un grand ébranlement. Il serait aussi peu exact de ramener ce vaste mouvement à une crise de personnel que de réduire les débats entre ouvriers et patrons à de simples litiges de salaire : chaque grève, chaque syndicat mus par le mécontentement des ouvriers, apporte en même temps que des améliorations de salaire de nouveaux principes de travail, prépare d'autres méthodes. Comment des ouvriers plus libres ne modifieraient-ils pas nécessairement le caractère des relations qui les unissent au patron ? Les cahiers des revendications des fonctionnaires prétendent en effet formellement à instaurer de nouvelles méthodes d'administration, et si tous ne le disent pas, il faut l'induire, comme la conséquence normale des modifications qu'ils veulent apporter aux rapports hiérarchiques. Il y aura là des effets et des causes qui se mêleront, certains et inexorables.

La corrélation entre les réclamations des fonctionnaires et l'intérêt public, M. Steeg l'a signalée en bons termes, au Parlement, au cours de la discussion du budget de 1906.

« Ne pensez-vous pas, Monsieur le Ministre de l'Intérieur, que votre administration, comme celle des autres ministères, fonctionnerait avec singulièrement plus de fécondité et de joie, le jour où les employés auraient pleine confiance dans votre esprit de justice, le jour où il verraient que l'on est préoccupé de leur assurer un avancement normal, le jour où ils constateraient qu'ils peuvent faire une carrière honorable dans un ministère ? Aujourd'hui ils sont découragés, démoralisés, ils sentent que tout avenir leur est fermé dans l'administration... alors ils se consacrent à des travaux accessoires, font de la littérature, du journalisme ; le bureau devient pour eux la corvée quotidienne, monotone et mesquine. Ils ne viennent plus au ministère qu'avec ennui, presque avec honte, parce qu'ils sentent bien qu'il n'est plus qu'une chose qui les intéresse : c'est d'y toucher leurs émoluments nécessaires à la fin du mois. »

Et le mouvement des associations M. Steeg en indiquait lui-même l'effet méthodique : « instaurer une discipline spontanée et libre... (1). »

Voilà la corrélation que l'on n'a pas vue ; et si l'on doutait de cette réalité des efforts organiques du mouvement des associations, il suffirait de lire ces quelques lignes, empruntées à un représentant de la profession certainement la moins révolutionnaire de l'Etat.

Dans son allocution inaugurale, le président de l'Amicale de prévoyance des commissaires de police de France et de Tunisie, le commissaire principal Hennion, disait : « nous ne présentons pas des revendications, c'est un mot qui son-

(1) *Journal officiel* du 23 janvier 1906.

nerait trop mal chez nous ; il sent un peu l'indiscipline et nous savons trop le prix de la discipline pour émettre autre chose que des vœux respectueux. Tous nos vœux ne tendront, d'ailleurs, qu'à accroître la force de la police, et nous la voulons forte, non point par la crainte qu'elle répandra, mais par la confiance qu'elle inspirera, l'autorité morale qu'elle acquerra. » Et cet exorde prudent clos ,il ajoutait ces réflexions très nettes : « *et nous prétendons que la direction de la sûreté générale ne peut arriver à ce résultat que si elle fait de nous des collaborateurs plus intimes, si elle ne dédaigne pas de nous consulter sur l'organisation générale du service et sur son administration intérieure.* » Quelques instants après, l'orateur s'élevait contre le *paradoxe bureaucratique, que le fait d'avoir exercé pendant longtemps une fonction publique vous rend inaptes à en discuter et les méthodes et l'organisation.* »

Un journal qui a constamment encouragé l'opinion à lutter contre les entreprises des fonctionnaires, le *Temps*, a clôturé une longue polémique par des constatations qui empruntent presque une valeur officielle à la grande situation qu'il occupe dans les milieux gouvernementaux ; ces constatations sont la meilleure justification de tous ces hommes qui ne se réunissent que pour réclamer plus d'ordre et plus de liberté. « La vérité est qu'un mécontentement général anime tous les fonctionnaires. Et nous n'hésitons pas à le reconnaître. ce mécontentement est légitime. Les fonctionnaires vivent dans l'insécurité et dans l'avilissement... Le fonctionnaire n'est plus au service de l'Etat, il est au service du député de la circonscription. Les fonctionnaires sont fatigués de cette vie dégradante. On ne saurait les blâmer (1). »

C'est bien à l'ordre que pensent les agents de l'Etat ; l'un l'a spécifié dans une lettre au Directeur de l'*Economiste français* : « N'étant pas protégés, nous voulons nous protéger nous-mêmes, et vivant dans l'anarchie nous voulons revenir à l'ordre et à la régularité » (2). Un autre écrit au au directeur du *Temps* : « Nous pensons que l'organisation syndicale amènerait de l'ordre dans cette anarchie administrative (3) ». Le président de l'Amicale primaire de l'Ain disait : « Nous ne saurions intervenir dans les nominations, dans les mutations acceptées par le personnel, dans les déplacements nécessités par les circonstances locales et nous sommes bien résolus à n'apparaître que lorsqu'il y aura injustice évidente envers un de nos collègues. L'administration aurait tort de nous incriminer à ce sujet et de prétendre que nous voulons lui rendre sa tâche impossible, *car ce que nous voulons rendre impossible, c'est une administration injuste* (4) ».

Un manifeste du Comité Central pour la défense du droit syndical du prolétariat de l'Etat, des départements,

(1) N° du 30 janvier 1905.
(2) *L'Économiste français*, n° du 18 novembre 1905.
(3) *Le Temps*, n° du 29 novembre 1905. Lettre de M. Glay, « rédacteur syndicaliste » à la *Revue de l'enseignement primaire*.
(4) *Bulletin de l'Amicale*, n° 4, 1905, p. 11.

des communes et des services publics n'est pas moins net, dans le même sens : « Considérant que le prolétariat de l'Etat, des départements, des communes, a conscience qu'en revendiquant le droit d'exercer les prérogatives syndicales au même titre que les travailleurs de l'industrie privée, il tend à substituer à l'anarchie administrative actuelle une organisation plus rationnelle et plus parfaite des services publics, et qu'il défend en même temps que ses intérêts propres les intérêts du pays (1) ».

Les fonctionnaires vont à l'ordre et à la régularité, comme ils peuvent : il est aussi vain de discuter le seul terme de l'alternative que le Parlement leur ait laissé, que de chicaner sur l'étendue du mal profond qu'ils veulent guérir. C'est contre l'ingérence parlementaire, désorganisatrice de l'administration, qu'ils luttent : plaisante critique que de les renvoyer au Parlement. Il faut se rendre compte que ni l'amélioration des concours et examens, ni les réclamations individuelles, ni les campagnes de presse, ni les indignations des économistes, ni les réformes politiques, ni surtout l'institution d'un nouveau rouage de contrôle au profit de ceux qui sont le plus fréquemment accusés de désorganiser les services publics par l'abus des recommandations particulières, n'auront décidément raison du fonctionnement défectueux des services publics. Cela chacun le sent d'instinct, parce que ce sont là des remèdes qui trop évidemment n'atteignent pas les origines profondes du mal dont souffre

(1) *Humanité* du 3 mars 1906.

l'ensemble des administrés mécontents ; ce sont à peine des palliatifs parce que l'ingérence parlementaire, la hiérarchie administrative, l'irresponsabilité des fonctionnaires ne sont pas atteintes; parce que persiste l'inégalité économique défendue par tous les privilèges qui maintiennent à quelques-uns le droit de commander.

Assurons-nous que si, d'une part, le Gouvernement a été incapable de réduire cette *révolte*, si, d'autre part, les fonctionnaires ont forcé leur naturel craintif à une action collective aussi audacieuse, c'est que des motifs irrésistibles légitimaient leur initiative : c'est bien là l'indication que la question a cessé d'être juridique, pour prendre un caractère économique, ou politique, si l'on veut, analogue à celui des syndicats d'ouvriers et d'employés de l'industrie privée. Si l'on hésitait sur cette conclusion, il faudrait se rappeler que les instituteurs et les postiers ont déjà réclamé leur affiliation aux Bourses du Travail, et que les fonctionnaires des administrations centrales, en discutant le budget dans leurs vœux ou mémoires, aboutissent en fait à dévêtir l'Etat de sa pourpre impériale pour ne plus voir en lui qu'un employeur ordinaire, soumis aux injonctions de l'intérêt collectif ; dans le Ministre, ils ne veulent plus voir qu'un « Monsieur », comme disait Proudhon.

Le plus illustre des écrivains catholiques, Chateaubriand, a, en quelque manière, prévu, au début du XIXe siècle, l'évolution à laquelle nous assistons ; il l'a prophétisée en des termes, avec une audace, qui lui vaudraient sans doute aujourd'hui l'anathème de ses coreligionnaires ; d'ailleurs combien d'esprits libres regardent aujourd'hui avec sérénité es mouvements d'émancipation qui troublent l'Etat? « L'âge des fictions est passé en politique, disait-il ; on ne peut plus avoir un gouvernement d'adoration, de culte et de mystère : chacun connaît ses droits ; rien n'est possible hors des limites de la raison ; et jusqu'à la faveur, dernière illusion des monarchies absolues, tout est pesé, tout est apprécié aujourd'hui. Ne nous y trompons pas, une nouvelle ère commence pour les nations (1) ».

(1) *Mémoires d'Outre-Tombe*, t. IV, p. 319. Ed. Garnier.

CHAPITRE II

LA PUISSANCE PUBLIQUE

> « Le pouvoir n'est, en somme, que le privilège de se faire obéir. »
>
> TARDE (1).

I

Le piquet d'honneur à la porte du palais de l'Elysée, les escortes militaires des ministres, les prérogatives et les solennités hiérarchiques du décret de messidor, donnent à notre République une majesté toute régalienne. A ce spectacle, on ne saurait douter qu'il y ait en France une Puissance publique.

L'Etat revendique le droit de faire des actes d'autorité absolue, certains de ses agents ont le privilège de l'*imperium* et de la *jurisdictio*, comme le roi de France ; les ministres requièrent le droit de faire des actes discrétionnaires, qui échappent à l'examen des tribunaux judiciaires et administratifs, soumis à la seule responsabilité parlementaire, qui n'a rien de juridique ; ils s'affirment administra-

(1) *Les transformations du pouvoir*, p. 15.

tivement irresponsables vis-à-vis des citoyens, dans toute l'étendue des cas où ils commandent, usent de l'*imperium* ; ils se déclarent même politiquement irresponsables lorsqu'ils nomment et révoquent les fonctionnaires. Voilà la puissance régalienne, appuyée sur les Chambres, que le Conseil d'Etat est impuissant à soumettre au droit, comme il conviendrait, et que le plaideur heureux ne peut même contraindre à la légalité, car il n'est point de voies d'exécution qui puisse forcer les retranchements de cette immunité intangible.

C'est de l'ancien régime que nous vient cette puissance publique : tous les actes du roi et de ses agents étaient considérés comme régaliens, c'est-à-dire d'ordre public, sans qu'on distinguât entre les actes visant les intérêts pécuniaires du roi propriétaire et les actes édictés en vue de l'intérêt commun, dans la forme des prescriptions générales. Le roi avait une majesté absolue, indiscutée, à l'image de la souveraineté divine, comme il convenait à une politique tirée des saintes Ecritures : « Les injures faites aux juges, magistrats et autres officiers de la justice dans leurs fonctions, écrit un jurisconsulte célèbre du XVIIIe siècle, Jousse, sont des injures très graves ; le magistrat doit être sacré et inviolable dans ses fonctions, parce qu'il représente la personne du prince, et par conséquent c'est une espèce de crime de lèse-majesté d'attenter à sa personne (1). »

(1) *Traité des matières criminelles*, t. III, B, 601.

Avec l'abolition de la féodalité, disparut du droit public le lien constitutionnel qui en unissant le droit de commander à la possession d'un fief faisait du roi de France le propriétaire de la puissance publique. Séparant la patrimonialité de la souveraineté, la nation se proclama libre. Elle n'alla pas loin dans la libération : les lois des 18-24 août 1790 et du 18 Fructidor an III qui subrogèrent la nation dans les immunités du roi, n'établirent pas de distinctions entre les actes de l'administration qui, même après la proclamation de la République, ont tous pour caractéristique d'être des actes de puissance publique, qui, par nature, doivent être soustraits à tout examen contentieux, soit judiciaire soit administratif. L'exécutif, les bureaux étaient les maîtres du contentieux. La loi de 1790 disait : « Les juges ne pourront, à peine de forfaiture, troubler, de quelque manière que ce soit, les opérations des corps administratifs. » La loi de l'an III ajouta : « Défenses itératives sont faites aux tribunaux de connaître des actes administratifs, de quelque espèce qu'ils soient. » Quant au Directoire, son arrêté du 2 germinal an V, se référant aux deux lois précédentes, décida que « dans la classe des affaires administratives se rangent toutes les opérations qui s'exécutent par ordre du Gouvernement, par ses agents immédiats et avec les fonds fournis par le Trésor public. »

Ces lois posaient le célèbre principe de la séparation des pouvoirs, le principe essentiel du droit public moderne, que Montesquieu, le premier, affirma, avec une telle généralité qu'il sembla dégagé de toute condition historique, sorte d'axiome inexorable, valable pour tous les temps, dans la forme même qu'il lui avait donnée.

La formule de l'*Esprit des lois* est connue : « Tout serait perdu si le même homme, ou le même corps des principaux, ou des nobles, ou du peuple, exerçaient les trois pouvoirs : celui de faire des lois, celui d'exécuter des résolutions et celui de juger les crimes ou les différends des particuliers (1) ». Formule abstraite, mais qui ramenée à ses origines, prend vie, avec un très net caractère politique : c'est une machine de guerre dressée par la bourgeoisie, non pas contre l'Autorité, contre la Puissance publique, mais contre une de ses formes, contre le régime monarchique féodal, gardien de l'inégalité civile et politique.

Au XVIIIe siècle, le pouvoir était inégalement partagé entre les classes : d'une part, le roi, avec sa noblesse et son clergé, de l'autre, le tiers-état. Ces pouvoirs étaient des différenciations économiques, et non pas de simples bureaucraties ; ce sont des pouvoirs particuliers, étagés en hiérarchie, en vainqueurs et vaincus. L'armée noble, le clergé, la magistrature bourgeoise, la royauté, n'agissent pas en vue d'assurer les services exigés par l'intérêt de la nation, comme on dit vers 89, la noblesse, armée autant que gendarmerie, faisant la garde aux frontières, la magistrature, protégeant la liberté des transactions civiles et commerciales, la royauté, législateur suprême, assumant la tâche de faire coopérer toutes ces

(1) *Esprits des lois*, XI, VI.

fonctions, considérées dans leur relation nationale. On sait assez que bien loin de là, la noblesse, la magistrature, le roi, agissent en propriétaires qui ne font les affaires du pays qu'indirectement, en assurant leurs affaires personnelles, leurs fonctions, simples services de la conquête, légitimées par la propriété et appuyées par la force.

Inégaux, ces pouvoirs sont en lutte; c'est cette lutte qui produira la Révolution. Or les légistes du Tiers appellent à leur aide le principe de la séparation des pouvoirs, qui ne semble avoir pour objet que d'arrêter les empiètements judiciaires. Mais à l'examiuer de près, il est plein de combativité, il cherche moins à harmoniser des pouvoirs équivalents, qu'à soumettre tous les pouvoirs au législatif, qui, dans les circonstances, devenait l'essentiel, avec un caractère régalien, suivant une certaine harmonie bourgeoise ; le législatif, c'est la nation ; la nation, c'est la volonté générale, c'est le Tiers-Etat.

Tout est alors ramené à la loi, au législateur; les Constituants n'ont qu'une vue : établir la souveraineté de la loi. La souveraineté de la loi, la souveraineté de l'assemblée élue : voilà donc ce que signifie pratiquement la séparation, et c'est en cela qu'elle attaque la royauté. La Convention en tirera toutes les conséquences, la Convention qui n'innove pas, qui continue la tradition de ses devancières, modérées dans la mesure seulement où elles étaient plus faibles que le roi et son administration.

Ce n'est qu'en apparence que le principe était destiné à

assurer l'indépendance du pouvoir royal au regard du pouvoir judiciaire. Or, c'est par là qu'il pouvait paraître respectueux du roi, comme une protestation contre les empiètements des parlements sur les ordonnances royales, contre leurs remontrances, contre leurs refus d'enregistrement, contre leur rébellion séculaire ; en fait, il protestait contre ceux qui avaient retardé l'unification du royaume, en contrariant l'œuvre bourgeoise des intendants, agents du roi.

Historiquement, le principe de la séparation des pouvoirs se rattachait ainsi aux luttes de la royauté contre le fédéralisme judiciaire, coutumier, seigneurial. Le principe, aide de combattants à la conquête du pouvoir, apparaît donc avec son caractère historique : il est autoritaire, monarchique. Son rôle est de mettre la monarchie au service de la bourgeoisie.

Malgré sa philosophie, la bourgeoisie forme un ordre privilégié, en tant que propriétaire ; comme celui de la féodalité, son pouvoir est assis sur la propriété. Avec elle, l'Etat reste hiérarchisé en propriétaires et en non-propriétaires, c'est à-dire en gouvernants et en gouvernés ; le cens, à la base de l'institution politique, est électeur de la chambre des représentants et du jury. Ce grand principe d'émancipation servait donc à assurer l'hégémonie de la nouvelle aristocratie ; c'est lui qui marque au sceau de la royauté capétienne toute l'œuvre républicaine. Au reste, la formule même de Montesquieu : arrêter le pouvoir par le pouvoir (1), situe suffisamment le

(1) Livre XI, IV.

principe à une époque qui ne connaît pas l'égalité, applicable seulement à un Etat où il y a lutte entre les citoyens, par le fait même de leur inégalité économique et politique. Arrêter un pouvoir par l'autre : pourquoi demanderait-on ces contrepoids, si les pouvoirs ne tendaient à s'absorber, et comment pourraient-ils chercher à s'absorber s'ils étaient égaux, simples fonctions de la collectivité ?

On a écrit volontiers que le principe eut pour effet de libérer les services publics d'un joug incompatible avec une bonne division du travail : aux tribunaux, les choses privées, à l'administration, les choses publiques. Certes, il y eut libération, mais pas dans le sens qu'on nous a dit. L'Etat, bien loin d'avoir été purgé par lui de tout arbitraire, fut renforcé : la théorie du libéral et modéré Montesquieu s'insérait dans l'évolution du royaume de France pour terminer une vieille querelle en faveur de l'autorité irresponsable. Plus vieille que Montesquieu, et nécesaire avant que d'avoir été rapportée d'Angleterre par ce jurisconsulte voyageur, qui fut d'autant mieux compris qu'il rapportait de France les observations qu'il croyait dater de Londres, cette théorie est à la base de la puissance publique moderne. Il met deux intérêts en présence, l'Etat, succédané du roi, et les gouvernés. Par lui, la Personne-Etat est promue majesté. Il donne même au nouveau droit public un caractère si régalien que les légistes ne surent formuler les nouvelles règles d'obéissance qu'en personnalisant, en quelque sorte, la loi, cette voix de l'impersonnel intérêt général lancé contre le trône légitime. En divisant les intérêts, il assure l'irresponsabilité de l'autorité dans la République au profit de l'administration publique ; il confond la juridiction administrative et l'administration active ; il fait l'Etat maître, juge et partie.

La règle fondamentale de la séparation des pouvoirs, en effet, c'est que l'administration seule a qualité pour expliquer, interpréter ou réformer ses actes. Ses actes échappent à l'appréciation des juges civils. Il y a bien des juges administratifs ; mais ces juges sont encore des fonctionnaires administratifs. C'est donc bien l'irresponsabilité ; c'est aussi l'impunité, mise en œuvre, assurée par la procédure, véritablement régalienne, du conflit.

Sous l'Ancien Régime, l'équilibre entre les pouvoirs était assuré par le roi en son conseil. C'était à lui qu'incombait le soin de prévenir et de résoudre les conflits d'attributions qui s'élevaient entre le Parlement, la Cour des Aides et les intendants. « Le roi en son conseil, écrivait M. de Cormenin dans son célèbre rapport sur l'ordonnance de 1828, révisait en pleine science et de pleine autorité tous les jugements, il réglait les compétences, il évoquait le fond, il cassait les arrêts des Parlements, il posait la borne où il voulait. »

C'est par le roi, devenu chef du pouvoir exécutif, que les lois des 7 et 14 octobre 1790 et 21 fructidor an III décidèrent de faire juger les conflits d'attribution, avec cette restriction toutefois que les cas de violation de la loi par les ministres devraient être déférés au Corps législatif. Le roi exécuté, la

République proclamée, la Convention se substitua à lui, en cette matière et en toutes les autres : c'est le pouvoir exécutif qui reste chargé d'apaiser les conflits. Sous la constitution de l'an VIII et les régimes suivants, c'est au Conseil d'État (1), corps dans la dépendance immédiate et étroite du pouvoir exécutif, qu'est dévolu ce soin. L'administration restait juge et partie, à un tel point, qu'un ministre de la Restauration pouvait affirmer qu'il dépendait de lui de donner à n'importe quelle affaire un caractère plus ou moins administratif et de l'enlever, au moins provisoirement, au juge judiciaire, en élevant le conflit (2). Il n'est donc pas téméraire de symboliser dans cette procédure du conflit la monarchie persistante : elle en symbolise l'autorité, qui n'est qu'en principe indépendante des autres autorités de l'État. En fait, les autres autorités sont subordonnées à lui, continuateur du pouvoir absolu des rois de France, malgré que les constitutions aient voulu distinguer. Le jeu du principe aboutit donc vraiment à l'irresponsabilité de l'État dans tous les cas où l'exercice de son *imperium* aurait dû cependant rendre plus facile le recours des citoyens (mais il n'y aurait plus d'*imperium*, si le pouvoir était civilement responsable).

Dans tous les textes, exception faite pour les actes d'autorité qui jouissent d'une complète immunité, l'Etat est soumis à la juridiction des tribunaux administratifs, qui tout en admettant « dans une large mesure qu'il peut être res-

(1) Arrêté 5 nivôse an VIII, 13 brumaire an X.
(2) Cormenin. *Op. cit.*

ponsable des fautes de ses agents »), ne lui appliquent cependant pas les articles du Code civil (1382 et s.), qui déterminent la responsabilité des particuliers. Ils lui appliquent une règle assez vague tirée de « l'idée de justice qui a inspiré les articles du Code civil ». Cela leur permet, fait remarquer un juriste souvent cité en cette matière, de ne pas mettre à la charge de l'Etat une responsabilité générale et absolue, et de déclarer au contraire que « sa responsabilité doit varier suivant les besoins et les nécessités de chaque service (1). »

L'Etat, ce n'est pas une entité : ce sont ses détenteurs qui bénéficient des avantages du principe C'est aux fonctionnaires que profite le statut d'impunité qui découle de son irresponsabilité.

Sous l'Ancien Régime, tous les agents du roi étaient irresponsables devant les tribunaux : c'est grâce à ce système que le roi était absolu, car il ne pouvait évidemment être absolu que par l'intermédiaire de ses officiers. Cette irresponsabilité, les assemblées révolutionnaires la maintinrent par divers textes (décret des 16-24 août 1790, décret des 7-14 oct. 1790), qui, conformément au principe de la séparation, instituèrent la règle de l'autorisation préalable : « aucun administrateur ne peut être traduit dans les tribunaux pour raison de ses fonctions publiques, à moins qu'il n'y ait été renvoyé par l'autorité supérieure (dont le fonctionnaire dépendait hiérarchiquement), conformé-

(1) Michoud. La responsabilité de l'Etat. *Revue de droit public*, 1895.

ment aux lois ». La constitution de l'an VIII (art. 75), substitua le conseil d'Etat aux autorités supérieures diverses du précédent décret. C'était à lui, désormais, qu'il appartenait de donner les autorisations de poursuite. Comme le remarque le président Laferrière, « cette législation était assurément restrictive du principe d'égalité devant la loi (1) » ; d'autant plus, comme il le remarque encore lui-même, qu'elle aboutit à accorder « l'impunité à des fautes ou à des délits qui n'avaient rien de commun avec l'exercice de la puissance publique. »

Le décret du 19 septembre 1870 supprima l'autorisation préalable : il semblait que désormais les citoyens pourraient citer directement devant les tribunaux judiciaires les fonctionnaires, à raison des actes de leurs fonctions. C'est dans ce sens que commença par se prononcer la jurisprudence administrative et la cour de cassation ; mais l'une et l'autre revinrent assez rapidement à une opinion plus conforme à la tradition et plus respectueuse de l'irresponsabilité de la puissance publique, à la suite de l'arrêt de conflit *Pelletier*, en date du 26 juillet 1873. C'est alors que fut faite la distinction entre la faute personnelle du fonctionnaire et l'acte administratif : aujourd'hui, grâce à elle, il suffit au préfet, en élevant le conflit, de déclarer d'ordre administratif la prétendue faute personnelle du fonctionnaire, pour le soustraire à tout examen judiciaire.

A l'irresponsabilité des fonctionnaires administratifs cor-

(1) *Juridiction administrative*, I, p. 638, 2e éd.

respond l'irresponsabilité des juges, que protège l'impossibilité d'user pratiquement de la prise à partie. L'article 479 du Code d'instruction criminelle remet aux seuls procureurs généraux le soin de poursuivre les délits commis par les magistrats : « Lorsqu'un juge de paix, un membre de tribunal correctionnel ou de première instance, ou un officier chargé du ministère public près l'un de ces tribunaux, sera prévenu d'avoir commis, hors de ses fonctions, un délit emportant une peine correctionnelle, le Procureur général près la cour d'appel le fera citer devant cette cour, qui prononcera sans qu'il puisse y avoir appel. »

Irresponsables, les détenteurs du pouvoir sont, de plus, protégés par les garanties des « manquements envers l'autorité publique », par les articles du Code pénal qui prévoient et répriment l'outrage aux fonctionnaires publics, soit dans l'exercice de leurs fonctions, soit à l'occasion de leurs fonctions (art. 222 et 224), articles plus durement répressifs que s'il s'agissait de simples citoyens, comme si tous les citoyens ne devaient pas avoir droit au même respect, sans entrer dans des distinctions qui, sous prétexte de protéger les services publics, n'ont pas d'autre effet que de renforcer le contraste entre l'Etat et les simples particuliers, au détriment de ceux-ci.

L'Etat est irresponsable ; il tend à l'irresponsabilité, sans doute, avec des formes diverses ; mais, ce qui est certain, c'est que plus il commande, plus il a d'autorité, moins il est responsable : voilà la règle. « Dès qu'il s'agit d'un dommage causé dans l'accomplissement d'un service public, écrit le professeur Michoud, elle (la jurisprudence) soustrait l'Etat au droit privé. Elle a été fixée dans ce sens après une longue période d'hésitation et de divergence entre les cours souveraines par la décision du tribunal des conflits du 8 février 1873 (1). » Laferrière l'a formulée dans ces termes, sans marquer d'étonnement : « Si l'on cherche à se rendre compte des différences que présente la responsabilité de l'Etat, selon les diverses fonctions qu'il est appelé à remplir, on voit que sa responsabilité est d'autant plus restreinte que cette fonction est plus élevée... L'Etat est exempt de toute responsabilité pécuniaire quand sa fonction confine à la souveraineté... ni les actes législatifs, ni les actes de gouvernement, ni les faits de guerre, ne peuvent donner lieu à une action en responsabilité contre l'Etat, quelles que soient les fautes imputées à ses représentants (2). »

Laferrière rappelle à ce propos une protestation du sénateur Bérenger contre cette règle d'irresponsabilité qui avait été invoquée par un garde des sceaux, au cours de la discussion de la loi du 8 juin 1895 : « Cette prétendue doctrine de l'infaillibilité de l'Etat, de son irresponsabilité n'est plus de notre temps, dit M. Bérenger, c'est une thèse féodale et je regrette de la voir approuvée par le gouvernement ».

Comme le fit justement observer l'auteur de la *Juri-*

(1) Responsabilité de l'Etat. *Revue du droit public*, 1895.
(2) *Traité de la juridiction administrative*, II, p. 184.

diction administrative, l'Etat n'avait pas à approuver cette règle, qui est « conforme aux règles de notre droit administratif » ; il aurait pu ajouter qu'elle est constitutive de tout Etat. Responsabilité civile et Etat sont exclusifs l'un de l'autre : il n'y aurait plus de gouvernement possible, si les tribunaux, même les tribunaux administratifs, s'arrogeaient le droit de se faire juge au fond de l'Etat, puissance publique, car il est certain qu'il n'y a de puissance publique que dans la mesure où il y a une autorité irresponsable. Ce qui différencie le droit public du droit privé ce sont précisément ces règles exorbitantes du droit commun ; c'est presque une tautologie de le dire. La principale de ces règles, c'est l'irresponsabilité de la puissance publique ; elle tombée, tout l'Etat tombe, il n'y a plus que des actes de gestion : or *il est admis que dans ses actes de gestion l'Etat est comparable à un simple particulier*. Plus d'actes de puissance publique, partant plus de droit public, plus de souveraineté, plus d'Etat : voilà à quoi n'a pas pensé M. le sénateur Bérenger, lorsqu'à la tribune du Sénat il protestait contre un garde des sceaux (1) trop féodal. Ce garde des sceaux n'était nullement feudiste : il récitait convenablement son rudiment de droit administratif moderne. Il s'en tenait à une irresponsabilité qui n'est pas féodale, mais constitutive de tout Etat, conséquence nécessaire de la distinction entre le droit privé et le droit public, distinction née elle-même de l'inégalité économique.

(1) M. Guérin.

Le résultat de cette irresponsabilité, on la connaît ; Laferrière le rappelle, sans le juger, laissant sans doute ce soin au seul bon sens : « Les règlements peuvent être imprévoyants, imprudents, contribuer ainsi à divers accidents, tels que des accidents de chemin de fer, de mines, de machines à vapeur, sans qu'on puisse en faire remonter la responsabilité à l'Etat (1). »

On ne réfléchit guère à toute la conséquence qu'aurait la subordination de l'Etat aux règles du droit privé, à sa consé quence *anarchique* ; aussi n'aperçoit-on pas toujours la nécessité actuelle de la puissance publique. Le professeur Michoud l'a vue et il la signale en ces termes précis : « L'appréciation sur l'opportunité, la convenance, la prudence des mesures prises par les agents de l'Etat, dans l'exercice de la puissance publique doit être réservée à ce pouvoir lui-même (hiérarchiquement, disciplinairement) sous le contrôle supérieur des Chambres. Ce serait faire fausse route que de transporter ce contrôle au pouvoir judiciaire, ou même à des tribunaux pris dans le sein de l'administration. Cette attribution transformerait le pouvoir judiciaire en pouvoir politique, et en pouvoir politique irresponsable. » L'Etat apparaît donc comme nécessairement arbitraire ; c'est véritablement le nier que de vouloir lui appliquer les articles 1382 et suivants du Code civil, encore qu'il soit universellement admis que ces articles sont moins des règles de

(1) *Op. cit.*, p. 187.

droit que des axiomes d'élémentaire probité et d'immédiate bonne foi.

Il n'y a pas d'exécution forcée contre l'Etat : les décisions du Conseil d'Etat doivent être éxécutées volontairement par les ministres. « Il doit être pourvu à cette exécution par le ministre compétent, en vertu du mandement contenu dans la formule exécutoire. Mais si ce mandement reste sans effet, l'exécution ne peut être poursuivie ni contre le ministre, ni contre l'Etat, par aucune voie de contrainte judiciaire ou administrative. D'une part, en effet, les biens de l'Etat sont insaisissables et, d'autre part, il n'appartient à aucune autorité d'ordonner le mandatement d'office des sommes mises à la disposition du ministre par la loi du budget, ni à plus forte raison d'ordonner l'inscription d'office au budget de l'Etat de crédits qui n'y seraient pas portés. La raison, la voici : « L'Etat doit toujours être réputé solvable et être réputé « honnête homme ». Et l'auteur ajoute que « si par impossible le ministre se refusait à l'exécution, il n'y aurait plus à mettre en jeu que la responsabilité ministérielle (1) ».

En matière de recours pour excès de pouvoir, la majesté de l'Etat est encore davantage soustraite au droit commun que dans les matières du contentieux de réformation : « Si l'arrêt d'annulation, écrit le même auteur, fait *moralement* obstacle à ce que la décision annulée soit prise de nouveau dans les

(1) *Traité de la juridiction administrative*, 2e éd., 1896, I, p. 347.

mêmes conditions et avec les mêmes vices, il n'y fait pas obstacle *juridiquement* (1) ».

Il n'y a certes pas de particuliers aussi processifs, chicaniers que l'Etat : voilà pour l'honnête homme que Thiers recommandait à notre respect. A sa puissance de fait, l'Etat, maître des nominations, juge de l'opportunité des mises à la retraite, ajoute donc le droit, sinon de ne pas exécuter la décision qui l'atteint, du moins de la retarder, de la rendre inutile, ce qui le met donc doublement en dehors de cette bonne foi réciproque qui est l'âme des affaires civiles. *Fraus omnia corrumpit*, dit le meilleur des adages de l'Ecole : il est sans effet à l'encontre des administrations publiques.

Ce système d'autorité aboutit au principe de l'inviolabilité des députés, les fonctionnaires suprêmes. Pourquoi une inviolabilité particulière ? Voilà l'héritage de la monarchie. Est-ce que tout citoyen ne devrait pas être inviolable, puisque chaque citoyen est souverain ? Demander une inviolabilité particulière pour le député, c'est marquer assez qu'il n'y a pas de liberté individuelle. Le droit commun devrait suffire : mais il n'y a pas de droit commun de la liberté citoyenne (2).

Toute cette autorité dans l'Etat se ramasse en quelque sorte dans la personne du président de la République, qui n'est pas un agent de l'assemblée nationale, ni un « officier

(1) *Op. cit.*, p. 351.
(2) Voir sur ce sujet la discussion à la Chambre, 2e séance du 14 novembre 1905. *J. O.* du 15 novembre, p. 3234.

du peuple », mais un gouvernant ; il est le « pouvoir exécu tif », un chef d'Etat, un véritable roi, disposant des trois attributs régaliens : l'inviolabilité, l'irrévocabilité, l'irresponsabilité. Irresponsable, c'est-à-dire qu'il n'a pas de supérieur. Il a les privilèges régaliens de faire des règlements, véritables lois, et de grâcier ; les ambassadeurs sont « accrédités » auprès de lui ; il a le droit régalien de dissolution.

Dissoudre : on songe à peine à l'énormité de ce droit. Il y a une représentation nationale : elle seule, semble-t-il, devrait servir de voix au pays. La constitution cependant autorise le Président a avoir des opinions non conformes aux votes de la majorité dans la Chambre. Voilà la monarchie dans la démocratie : non point n'importe quelle monarchie, mais une monarchie plébiscitaire, ou Empire, car les élections qui suivraient une dissolution constitueraient en fait un véritable plébiscite, non point un referendum : un plébiscite, c'est-à-dire aboutirait à voter pour ou contre l'homme au pouvoir, pour ou contre une politique ; non point un referendum, car un referendum ne peut avoir, au terme même de sa théorie, qu'un objet précis, aboutit à une décision précise, — par exemple, accepte ou rejette le rachat des chemins de fer.

Quelque partie de l'Etat que l'on considère, tout tend à l'autorité : l'autorité s'oppose constamment à l'initiative réclamée par les économistes en faveur des individus, fonctionnaires ou citoyens sans charges publiques. Le suffrage universel, dernier espoir de la liberté, n'échappe pas à la commune caractéristique : d'ailleurs comment l'Etat serait-il autoritaire si sa base était libertaire ? Le suffrage universel est la source de toute autorité : le Parlement est à son image.

Le suffrage universel c'est, dit-on, la liberté politique. Voilà un point qu'il faut examiner. Examinons-le avec Considérant ; nous aurions pu prendre Proudhon, mais sa critique est suffisamment connue ; il vaut mieux prendre pour guide ce démocrate : sa critique paraîtra plus impartiale. C'est la même argumentation ; seule les conclusions différent ; l'argumentation d'ailleurs seule est à retenir.

*
* *

Victor Considérant est démocrate ; sa théorie, le « Gouvernement direct », il la présente comme un développement, le dernier développement de la démocratie. « Les démocrates, écrit-il, veulent le gouvernement du peuple par lui-même (1). » La démocratie, il la définit : « Le peuple tout entier se gouvernant lui-même (2). »

Le peuple se gouverne-t-il lui-même ? Considérant répond qu'il n'a que les apparences du pouvoir ; son autorité est nominale ; les réalités sociales ne correspondant pas aux

(1) *La solution ou le gouvernement direct du peuple*, 4e éd. 1851, p. I

(2) Cf. *Débâcle de la politique en France*, p. 7.

promesses de la loi ; il y a véritablement une « escroquerie de la souveraineté du peuple (1) ».

Pourquoi ? Rousseau a déjà répondu (2). La souveraineté est prise au trébuchet de la délégation. Au lieu d'exercer ses droits, le peuple les délègue par le vote : il remet entre les mains d'un homme, d'une famille, d'une assemblée, l'exercice de la souveraineté. C'est assez dire que la délégation va contre le principe populaire, contre la démocratie dont il a posé la règle.

Les démocrates, comme les monarchistes, n'ont jamais su « proposer autre chose que de l'aristocratisme et du monarchisme... En principe, en théorie, en paroles, en abstraction, je vois bien toujours la souveraineté du peuple mise en avant ! Oui, mais en pratique, en exercice, c'est-à-dire en réalité... qu'avons-nous fait ? Toujours de la *Délégation* !... c'est-à-dire, tout simplement, au nom de la souveraineté du peuple, l'enterrement formel de ladite souveraineté ! Voilà ce que la démocratie a fait, pas autre chose. Seules les formes varient : les démocrates remplacent le roi ou l'empereur par un président, des consuls, un directoire, un comité, une assemblée (3). »

Quelle différence de principe et d'essence entre ces « délégations » ? Il n'y en a pas. Déléguer la souveraineté, c'est l'abdiquer. Les citoyens, les électeurs ne sont « plus rien

(1) Cf. *Débâcle de la politique en France*, p. 7.
(2) *Contrat social*, III, XV.
(3) P. 15 et s.

que les très humbles sujets des représentants. Ceux-ci deviennent le souverain de fait, et cela, quand bien même ils écrivent en tête de la Constitution cette bonne plaisanterie : « Que la souveraineté réside dans l'universalité des citoyens et que nulle fraction du Peuple ne peut, sans forfaiture, s'en attribuer l'exercice. » (*Constitution de 1848.*)

Ainsi donc le peuple nomme ses mandataires, des mandataires le remplacent, font ce qu'ils jugent à propos. S'il les nomme, il ne peut réellement les surveiller, ni les révoquer, quand bon lui semble : contrairement à ce qui se passe en droit civil, le mandataire politique n'exécute pas ce que le mandat lui a spécifié ; il n'y a même pas mandat, c'est le député qui se trouve maître de l'affaire. Politiquement, les mandataires sont des « maîtres ».

Cette critique rejouint la jurisprudence administrative, qui considère que les élections constituent un véritable déssaisissement : le referendum, en effet, a été déclaré illégal par un arrêt du Conseil d'Etat, à la date du 7 avril 1905 (1).

L'arrêt est intervenu à la suite de l'annulation, par le préfet de la Charente, d'une délibération de la commune d'Aigre, qui avait décidé que les contribuables seraient consultés, comme seuls compétents, pour décider de l'opportunité de remplacer par une taxe vicinale, représentée par des centimes additionnels aux contributions directes, le produit

(1) J. Delpech. *Chronique constitutionnelle* (*Revue du droit public*, 1905, n° 2).

des journées de prestation pour l'entretien des chemins vicinaux : cette consultation, c'était un referendum.

Le ministre de l'Intérieur fit connaître son opinion dans deux notes, qui concluaient fermement à l'illégalité de ce procédé, comme n'étant pas « plus en harmonie avec notre régime représentatif qu'avec nos lois administratives ». Elle estimait que « le rôle » du suffrage universel « se borne constitutionnellement à l'élection de ses mandataires, à quelque assemblée qu'ils appartiennent. Or, le referendum est, à proprement parler, l'intervention directe du suffrage universel dans la solution d'une question que, seuls, les mandataires élus du peuple ont qualité pour trancher. » Ce que la note dénonce, c'est la substitution d'une « majorité d'électeurs » au préfet, au ministre, au Conseil d'Etat, au parlement, au conseil municipal. Ce serait la disparition des responsabilités régulières que de « permettre aux représentants de se décharger de leurs responsabilités, tout au moins en partie, et justement dans les cas les plus graves » ; le dernier résultat d'une pareille pratique serait de « rendre impossible tout gouvernement dans l'Etat et toute administration dans la commune ».

Comment s'étonner de l'atonie de la vie politique, dès qu'on a examiné ce système constitutionnel ? L'électeur abdique entre les mains d'*élus* toute l'activité qu'il pourrait donner à la chose publique ; il est vis-à-vis de ces élus comme un propriétaire qui laisse à des intendants et fermiers le soin de cultiver ses terres : cela s'appelle, en économie politique, l'absentéisme. Or l'absentéisme est durement critiqué par les économistes, comme incompatible avec des rendements fructueux. Le loyer de la terre diminue entre les mains du fermier, de même que la richesse publique ne peut que décliner entre les mains des mandataires : il y a longtemps qu'il est de notoriété proverbiale que l'intéressé seul est capable de bien gérer ses affaires ; la Fontaine a même écrit une fable sur ce sujet, abondant en maximes morales. Il reste à trouver un système où l'intérêt général soit servi directement : ce n'est pas le système constitutionnel de 1875 qui assure ce service.

L'ensemble des électeurs est absent des intérêts généraux : un millier d'intendants et de fermiers sont chargés d'en prendre soin. Le domaine est vaste : comment ce millier de fermiers, délibérant à Paris, pourrait-ils embrasser d'un coup d'œil utile et diriger la vaste complexité de choses qui nécessite une douzaine de ministères, 800.000 employés, sans compter toutes les grandes sociétés privées qui, en fait, ont un caractère public ? Ce millier de représentants est perdu dans cet ensemble : ceci nous le savons, chacun peut l'étudier.

Toute cette irresponsabilité de la puissance publique, cette séparation de l'intérêt privé et de l'intérêt public, de l'Etat et des citoyens, cette scission entre la vie politique et la vie proprement productive de la nation, ont une base économique : la différenciation entre possédants et non-possédants.

Cette différenciation appelle nécessairement de la distinction entre gouvernés et gouvernants : cette distinction, c'est tout l'Etat ; tout l'Etat, c'est cette impunité régalienne des gouvernants.

Subordonné, le « citoyen n'a pas un droit général à la légalité » (1). M. Barthélemy l'a dit à la suite du président Laferrière : « Un premier point important, c'est que la violation de la loi n'est un moyen d'annulation que si elle constitue en même temps une atteinte à un droit (2). » « L'intérêt général que tout citoyen peut avoir à ce que l'administration se renferme dans les bornes de la légalité peut suffire pour inspirer une pétition aux pouvoirs publics mais non pour justifier une action devant une juridiction contentieuse (3). » Une pétition, qu'est-ce ? Un placet, une requête, c'est la supplication adressée au supérieur. En tant de cas où son droit est violé, le citoyen souverain, redevenu sujet, n'a que cet humble moyen de réclamer la justice. On saisit là sur le vif le caractère de notre constitution politique, que Rousseau a mal démarquée : l'aliénation du citoyen est totale, sujet dans toute la mesure où « l'administration peut revendiquer en quelque sorte le droit à l'illégalité, dans tous les « cas où le pouvoir exécutif peut violer tranquillement les prescriptions du législateur, où « nulle autorité ne peut l'astreindre à rentrer dans sa sphère ».

(1) *Op. cit.*, p. 128.
(2) *Op. cit.*, T. II, p. 532.
(3) *Id.*, p. 437.

Il reste encore quelque chose à dire sur la puissance publique, mais il n'y aura plus rien à dire après l'avoir dit; ce sera la conclusion de toute cette étude : il est illégal de résister aux actes arbitraires de l'État. « Ce serait aller contre le but des sociétés organisées, écrit le professeur Garraud, que de prétendre se faire justice à soi-même, en opposant la force aux ordres, même illégaux, même irréguliers, des agents investis de l'autorité publique (1). » Ce principe de l'obéissance passive, un arrêt de la Cour de cassation l'a édicté en ces termes catégoriques : « L'illégalité de l'injonction reçue des agents de l'autorité ne saurait, à aucun prix, excuser la résistance aux voies de fait et violences et enlever à cette résistance le caractère et la qualification légale de rebellion. » (2)

Ainsi Bossuet avait déjà dit . « L'impiété déclarée, et même la persécution n'exemptent pas les sujets de l'obéissance qu'ils doivent au Prince » (3) ; et Domat (4) : « Les sujets n'ont à opposer à la violence des Princes que des remontrances respectueuses, sans mutinerie et sans murmure, et des prières pour leur conversion. »

Cette autorité, cette puissance publique, cet arbitraire de l'Etat, chacun en a saisi les effets : elle effraie. Cette épouvante, elle sort des livres des économistes et des doléances

(1) Garraud. *Traité de dr. pénal*. 2e édit., 1892, t. III, p. 27.

(2) Arrêt du 17 avril 1891. *Bulletin des arrêts de la Cour de cassation*, 1891.

(3) *Politique tirée de l'Ecriture sainte*, l. VI, art. 2, prop. 5.

(4) *Droit public*, l. I, t. I, section 2, art. 6.

du public ; elle est dans le mécontentement des fonctionnaires d'autorité, dans les efforts désespérés que font les agents de gestion de l'Etat pour obtenir le droit commun, on l'entend dans les chaires de l'Ecole de droit, même dans le prétoire du conseil d'État : ainsi jusqu'au Conseil du Roi qui s'insurge contre l'arbitraire régalien.

II

La puissance publique n'a, cependant ni en fait, ni en droit, cette inexorable rigueur juridique ; par endroits, elle a dû céder quelques-uns de ses droits : cessions et abandons de droit qui l'ont évidemment affaiblie, mais sans modifier essentiellement son caractère intrinsèque. Même rendu responsable, l'État reste l'autorité ; son pouvoir, même conditionné par des lois et règlements, reste encore discrétionnaire ; amendé par des lois, l'État reste arbitraire.

On a fait grand bruit autour du recours particulier que le Conseil d'Etat a imaginé pour restreindre l'arbitraire ministériel : le recours pour excès de pouvoir. Quel théoricien du droit public ne l'a signalé à la reconnaissance de la démocratie, comme le bienfaisant surveillant de l'autorité nécessaire dans tout État, n'a fait de lui comme la suprême légitimation de l'autorité qu'il dépouille progressivement de tous les prétextes de mécontentement et même de révolution. M. Léon Duguit l'a loué en termes magnifiques : « sorte d'action populaire accordée aux particuliers pour garantir le respect des lois de compétence, le recours pour excès de pouvoir associe ainsi les agents et les administrations à la bonne gestion des intérêts publics et à la protection des intérêts particuliers : il est au premier chef une institution de solidarité sociale. » (1)

Grâce à ce recours, il est, en effet, possible aujourd'hui de faire examiner par le Conseil d'État les plaintes dirigées contre les actes assurant le recrutement de la fonction publique, grande nouveauté, car sous la Restauration, des plaintes de cette espèce étaient formellement interdites. « L'exercice du droit de nomination à un emploi public, affirmait le Conseil d'Etat, ne peut, *dans aucun cas,* donner lieu à un pourvoi devant nous par la voie contentieuse. » Et il condamnait à l'amende les avocats téméraires qui se permettaient d'introduire des recours aussi offensants pour la puissance publique (2).

Les fonctionnaires ne pouvaient donc se plaindre de violations, de fausses applications d'une loi ou d'un règlement d'administration publique, d'un abus ou d'un détournement de pouvoir ; les lois et les règlements ne leur concédaient ni droits acquis, ni intérêts légitimes ; à peine étaient-ils en droit d'invoquer l'incompétence. Tous les actes les concernant étaient discrétionnaires, souverains, actes de gouvernement, la nomination aussi bien que la destitution.

(1) *L'Etat, les gouvernants et les agents* (1903), p. 541.
(2) Conseil d'Etat, 13 mars 22, *de Courso*; 10 août 1825, 23 novembre 1825.

Tout a-t-il changé, autant qu'il le paraît, avec le système des garanties spéciales qui entourent de plus en plus les nominations, le classement, les déplacements, garanties mises en œuvre par le recours pour excès de pouvoir ? C'est ce que nous allons examiner, en nous reportant aux règles concernant le recrutement des fonctionnaires : la constatation sur ce point vaudra pour l'ensemble des garanties qui leur ont été concédées.

M. Gaston Jèze, professeur à la Faculté de droit de Lille, a ramené à deux règles la jurisprudence du Conseil d'Etat sur le recrutement des fonctionnaires publics ; (1) règles importantes, mais dont les effets, comme on va le voir, n'ont pas l'amplitude qu'il leur assigne, d'accord d'ailleurs avec l'unanimité de l'Ecole.

La première règle serait ainsi conçue :

1° Il y a obligation d'observer les formes expressément prescrites par les lois et règlements.

La règle est plus tutélaire en apparence que dans le fond, car il faut observer que le pouvoir discrétionnaire du ministre n'est limité qu'extérieurement par les formes ; le ministre n'a qu'à les respecter pour échapper à l'annulation. Ainsi s'il établit par arrêté que les nominations de son ministère seront subordonnées à un examen de capacité, sa décision peut n'être considérée que comme un ordre de service ; ce n'est pas une règle juridique : le Conseil d'Etat, en conséquence, lui reconnaît le droit de ne pas nommer un

(1) *Revue du droit public*, 1904, p. 517 et s.

candidat admis à un examen de ce genre, fut-il le premier (Conseil d'État, 9 août 1893, Joubert de la Mothe, Rec. p. 683).

Il en est à peu près de même en cas de décret ou de loi, dans cette très large mesure : « Lorsque la loi ou un règlement prescrivant que la nomination n'aura lieu qu'après concours, l'agent investi du pouvoir de nomination n'est pas lié en ce sens qu'il serait tenu de nommer les candidats déclarés admissibles par le jury. Il reste libre de refuser de nommer aucun des candidats. C'est qu'en effet, malgré tout, il est responsable des nominations (1). »

Ajoutons que s'il peut être tenu de ne nommer que des concurrents présentés par le jury, en cas de concours, le Ministre a la liberté de mettre au concours un nombre de places très supérieur au nombre de places véritablement disponibles, de façon que les épreuves puissent faire sortir des candidats plus nombreux, et, parmi eux, les candidats à favoriser ; ajoutons qu'il peut augmenter le nombre des emplois disponibles après le concours : ce qui fut fait, à notre connaissance, pour les concours de l'Ecole normale et des ministères des Travaux publics et des Affaires étrangères ; enfin qu'il établit souverainement la liste des candidats admis à concourir.

M. Steeg, à la Chambre, au cours de la discussion d'un budget du ministère de l'Intérieur, a signalé une fraude de cette nature à un concours de rédacteurs de cette adminis-

(1) Jèze. Cf. Hauriou, S. 96. 3.65.

tration : « L'Administration, disait-il, ayant la faculté, très légitime, d'ailleurs, d'admettre ou non les candidats à prendre part à un concours, en a parfois usé de telle manière qu'elle n'a autorisé à se présenter qu'un nombre de candidats presque exactement égal à celui des vacances, si bien que les candidats étaient reçus d'avance. C'est ce qui s'est passé une année, où pour vingt-quatre places mises au concours, on n'a admis que vingt-quatre candidats. » (1)

Enfin, dernière remarque : le jury est composé, non de ceux qui vont devenir les camarades des concurrents heureux (le plus généralement, les épreuves ont lieu à huis-clos) mais des chefs de service, dont la révocation appartient *ad nutum* au ministre, en vertu du principe de la responsabilité ministérielle. Il n'entre pas dans nos intentions de contester la probité des hauts fonctionnaires de l'État qui constituent les jurys d'entrée dans les administrations, mais on doit faire observer qu'il est très imprudent de demander de l'impartialité à des fonctionnaires nommés *exclusivement* à la faveur, maintenus par la seule faveur et dont le zèle maintient ou ébranle le pouvoir du ministre, en proie aux entreprises des partis : c'est une organisation qui est en cause, ce ne sont pas des personnes ; qu'on veuille bien nous comprendre.

M. Jèze, en précisant le sens de la garantie du concours au regard des concurrents, indique nettement sa très insuffisante efficacité : « Ce qui est seulement interdit à l'agent

(1) *Journal officiel* du 23 janvier 1906 (2me séance du 22.)

investi du pouvoir de nomination, c'est, *après un concours*, de modifier l'ordre de classement et de faire des nominations dans un ordre autre que celui du classement arrêté définitivement. »

En somme, le recours ne peut porter atteinte à l'arbitraire de l'agent qui nomme ; si on en doutait il suffirait de lire les *considérations* que l'on met en avant pour le justifier le maintien de cet arbitraire. M. Jèze notamment le justifie par la responsabilité de l'agent investi du pouvoir de nomination ; mais qui ne voit que cet auteur en reliant, d'ailleurs très juridiquement, la bonne marche des services publics à la responsabilité personnelle dudit agent, laisse ainsi à la hiérarchie administrative son caractère personnel, donc autoritaire et partant arbitraire ?

Tant que le principe de responsabilité restera fixé sur une seule tête, les nominations seront nécessairement arbitraires, ne pourront être faites en vue seulement du bien du service, car *le ministre ne peut être responsable que s'il a un pouvoir discrétionnaire*. C'est un principe, en effet, couramment admis, que la responsabilité d'un individu est liée à sa liberté. Et qu'est-ce que la liberté d'un ministre ? On saisit là, au passage de cette justification juridique, combien restera illusoire une législation qui ne tend qu'à la limitation de l'arbitraire ministériel ; elle sera toujours impuissante à établir un régime administratif impersonnel, par le jeu même de cette responsabilité ministérielle, maintenue, et même imposée comme un principe indispensable.

Parmi les autres garanties, nées des prescriptions légales et réglementaires, il faut indiquer les conditions de capacité ou de services nécessaires pour remplir certaines fonctions : par exemple, les archivistes des départements doivent être choisis parmi les élèves de l'École des Chartes (loi du 10 août 1871), les employés des archives nationales doivent avoir le titre d'archiviste paléographe (décret du 14 mai 1887) ; les inspecteurs des enfants assistés doivent être choisis parmi certaines catégories de fonctionnaires (décret du 8 mars 1887). L'arbitraire sera-t-il gêné dans ces limites? Le nombre des candidats aptes, rendra ces limites d'autant plus larges qu'il sera lui-même plus considérable. Les diplômes étant de plus en plus répandus, il n'est presque pas de français qui ne soient aptes à remplir les conditions de capacité à une fonction quelconque : on sait qu'il y a des centaines d'institutrices sans place ; on sait aussi que c'est l'arbitraire préfectoral seul qui les nomme dans les écoles publiques. Et, plus spécialement, le décret qui vise les fonctions d'inspecteur des Enfants Assistés, pour ne parler que de lui, n'empêche pas le ministre de l'Intérieur de nommer préalablement à une sous-préfecture, ou à un poste de commis-rédacteur (sans concours) de son administration, le citoyen français qu'il veut introduire dans ce service garanti. L'arbitraire ainsi sort de l'arbitraire et forme une chaîne dont on ne voit jamais la fin.

Le jeu de l'arbitraire est infini parce que l'arbitraire a sa justification nécessaire dans le principe de la responsabilité personnelle du ministre dont nous venons de parler; il faut même ajouter, le système étant admis, qu'il serait injuste de vouloir limiter celui-ci sans toucher à celle-là. En fait, on gêne seulement l'arbitraire, mais soyons certains qu'on le rend du même coup plus ingénieux. M. Steeg dit encore (1) : « S'il y a des cas où le réglement est violé avec une certaine honnêteté, puisqu'on ne prend nullement le soin de déguiser l'opération, très souvent on fait preuve d'une certaine hypocrisie — hommage que l'arbitraire rend à la légalité — on emploie des procédés, des trucs fort ingénieux : grâce à la faculté laissée au ministre par le texte même du règlement de nommer à certains emplois du ministère des fonctionnaires du dehors ou d'autoriser des permutations, on réussit à introduire dans les cadres de l'administration des personnes qui n'ont point passé le concours et qui ne présentent pas les conditions requises.

« On ne peut pas nommer tel ou tel individu à l'emploi de rédacteur ou de sous-chef ou de chef au ministère de l'Intérieur. Il n'a pas les titres nécessaires, il n'a pas passé le concours, il n'a fait l'objet d'aucune nomination antérieure, il n'a pas l'ancienneté de services exigée. Tout lui manque, on lui donne tout en le nommant d'emblée et fictivement inspecteur des enfants assistés ou sous-préfet et en l'appelant à un emploi équivalent dans l'administration centrale. Le tour est ainsi joué : il est dans la même minute l'objet de

(1) M. Steeg à la Chambre. *Journal Officiel* du 23 janvier 1906.

deux nominations, l'une qui l'envoie à Belfort, par exemple, l'autre qui l'en ramène et l'installe dans le poste convoité. (*Très bien! très bien !*).

« Il y a eu des exemples fréquents de ce procédé. Je n'en veux signaler qu'un, celui d'un attaché nommé fictivement sous-préfet, sans que sa nomination ait jamais paru au *Journal Officiel*, sans que jamais il ait pris possession de son poste. Il fut nommé sous-préfet d'Orange par *un erratum* au *Bulletin du minisière de l'Intérieur*. (*On rit*). »

2° La seconde règle imposée au pouvoir de nomination pourrait être formulée en ces termes : Il y a obligation de ne pas se servir du pouvoir de nomination dans un but autre que celui voulu par la loi.

Cette règle, c'est M. Jèze qui lui-même a pris le soin d'en réduire la portée par cette observation ; « En fait, il est très rare que la décision puisse être critiquée pour ce motif. Le plus souvent l'agent n'a pas à donner et ne donne pas les raisons pour lesquelles il n'a pas nommé un individu à une fonction ; et même à supposer que l'agent ait donné les motifs de son refus, le plus souvent le Conseil d'État n'aura pas le pouvoir de les contrôler. »

Pour bien comprendre la portée de cette observation, il faut dire qu'échappent au contrôle du juge du droit (1) toutes les considérations d'ordre moral ou politique qui auront déterminé en fait l'exclusion d'un candidat : le détourne-

(1) Conseil d'État, 5 juillet 1851, *Rouget*. *Rec.* 1851, p. 498 ; 19 juin 1903, *Ledochowski*, *Rec.* p. 452.

ment de pouvoir, que la règle a pour objet d'empêcher reste ainsi facile, sans preuve possible. C'est à un ensemble que l'on se heurte : la cause de cette impossibilité est dans ce fait que le pouvoir est inquisitorial, c'est-à-dire non public, fondé sur l'autorité, qui est toujours arbitraire, et mu, extérieurement aux nécessités auxquelles il a théoriquement pour mission de pourvoir, par les décisions d'un politicien incompétent, même s'il a une compétence technique.

Dans son examen des conditions de capacité nécessaires pour former un recours en annulation de nomination ou décision irrégulière, M. Jèze a commencé par formuler cette règle, bien indicative de ce système administratif dont les principes arbitraires s'imposent même aux esprits les plus libres : « Il est évident, dit-il, que le recours ne peut pas être ouvert à tout le monde, car, ici plus qu'en toute autre matière, il faut éviter de favoriser l'esprit de chicane. »

Or remarquons qu'en la circonstance deux craintes peuvent nous alarmer : l'arbitraire du ministre et la chicane des particuliers, l'un qui a pour effet de désorganiser les services publics, effet qui atteint l'intérêt de tous les citoyens, l'autre qui n'aurait pour effet que de charger le rôle d'un tribunal, — s'il doit le charger, car on sait assez que les fonctionnaires liés par les difficultés de droit et les menaces de représailles, usent péniblement de leurs droits contre l'arbitraire ministériel. Des deux maux, c'est à la chicane citoyenne que le professeur fait céder le pas, reléguée derrière

(1) *Officiel*. Chambre, débats, 1904, p. 1790.

l'arbitraire ministériel, seul respectable, comme si les termes qui désignent ces maux n'indiquaient pas déjà l'inégalité de leur nocivité : chicane, arbitraire. L'Etat l'emporte, au moment même où les juges et la doctrine cherchent à le restreindre, prévaut jusque dans une étude qui cherche à le limiter, par cet obscur respect qui fait courber nos fronts démocrates devant toute majesté, même flétrie.

De tout ce système d'omnipotence, le principe a été revendiqué par un ministre de l'Instruction publique (M. Chaumié), à la tribune du Parlement, en réponse à une interpellation de l'abbé Gayraud, protestant contre l'exclusion de prêtres à un concours d'agrégation : « Le Gouvernement, disait-il, a le droit d'arrêter la liste des candidats, car ceux qui se présentent à lui vont devenir *ses* fonctionnaires, et on ne peut songer à imposer à ce gouvernement le choix de fonctionnaires dont il ne veut pas ». Et posant la question en ces termes : « Pour y admettre tel ou tel, pour en exclure tel ou tel autre, le ministre... est-il obligé de donner une raison ? » Il répondait, en frappant sur son *Bequet* : « sur la question de légalité de décision, sur le droit absolu et discrétionnaire du ministre, il n'y a ni en droit, ni en jurisprudence, ni en doctrine, aucune restriction. Le Gouvernement est maître de choisir *ses* fonctionnaires (1). » C'est le Prince qui parle : *mes* fonctionnaires. Voilà tout le régime : il est bien vain d'essayer de le modifier comme on l'imagine, en introduisant dans cette institution monarchique des règles qui, on le sent, ne peu-

(1) *Journal officiel*, Chambre, Débats, 1904, p. 1790.

vent être qu'inefficaces, et qui, si elles étaient efficaces, le feraient tomber.

Ceci dit, il ne s'agit nullement de « nier la tendance manifeste du Conseil d'Etat à admettre que le seul fait pour un individu de remplir les conditions légales pour être nommé à une fonction, lui donne un intérêt direct et personnel suffisant pour rendre son recours recevable, ni que le recours est recevable dès qu'il est formé par un individu auquel la loi ou le règlement confère un certain pouvoir d'obtenir la fonction de préférence à tous autres. » Le Conseil admet à contester la régularité des opérations d'un concours les concurrents ayant pris part à toutes les épreuves du concours (1); les candidats exclus d'une liste de concours, quoique remplissant les conditions légales ou réglementaires requises ; les sous-officiers lésés par des nominations faites en violation de la loi réservant un certain nombre d'emplois civils aux sous-officiers (2) ; tous ceux enfin qui, en remplissant les conditions légales et pouvant en même temps justifier d'un intérêt direct et personnel, ont été lésés par des nominations faites en dehors des dites conditions, etc.

Ceci est important, mais est-ce suffisant? Toute la question est de savoir si le Conseil d'Etat ira au-delà, jusqu'à déclarer recevable toute nomination irrégulière, tout recours de la part de personnes réalisant les conditions légales, mais sans pouvoir justifier d'un intérêt personnel.

(1) Conseil d'Etat, 16 novembre 1894.

(2) *Id.* 24 mai 1901.

M. Jèze le souhaite, comme « un frein nécessaire à l'esprit de favoritisme ». Ainsi par exemple, tous les Français, âgés de 25 ans, et licenciés en droit, devraient être admis à attaquer toute nomination à un poste de conseiller de préfecture faite en violation de ces deux conditions d'âge et diplôme, exigées par la loi du 21 juin 1865. Mais le recours ainsi étendu sera-t-il capable, même suffisant pour empêcher tout arbitraire ?

L'effet du recours pour excès de pouvoir, c'est, on le sait, l'annulation. La décision du ministre est désormais non avenue : c'est tout. Annulée, c'est-à-dire que le Conseil d'Etat ne remet pas dans ses droits celui qui se plaint d'en avoir été illégalement privé (nomination, indemnité pécuniaire) ; il n'y a pas révision de sa situation juridique ; il n'y a pas réparation de la lésion ; il n'y a pas réformation de la décision irrégulière : alors, peut-on dire que l'arbitraire ministériel est détruit dans son germe ? Qu'on en juge. Le ministre, seul juge du fond, aura la faculté de signer à nouveau la nomination du fonctionnaire jugé, en s'appliquant à respecter les formes, et si les conditions n'existent pas à les faire naître. Sinon il usera de la faculté de modifier le décret, cause de l'annulation.

Reste à se demander si terminé par la réformation le recours pour excès de pouvoir aurait une plus grande efficacité. D'abord, pour quelques uns, la question ne devrait même pas être posée, pour cause d'inconstitutionalité : cette annulation, créée en vue des actes d'autorité, serait une censure suffisante ; aller au-delà, ce serait atteindre l'autorité elle-même.

L'objection, M. Léon Marie l'a formulée en ces termes, sans d'ailleurs se l'approprier. « Dans l'acte de puissance publique, ce qui domine, c'est l'exercice des droits d'autorité, de commandement, qui appartiennent à l'administration ; ces droits d'autorité et de commandement, il est inadmissible que les tribunaux puissent les exercer au lieu et place des administrateurs auxquels ils ont été confiés ; si ceux-ci se trompent dans l'exercice de ces droits, il est naturel que les actes ainsi faits soient déclarés nuls par les autorités investies de la fonction juridictionnelle, mais il est non moins naturel que celles-ci ne puissent substituer leur décision à celle de l'administration active et exercer ainsi le droit de commandement qui n'appartient qu'à celle-ci. » (1)

Cette objection, si elle était reconnue valable, serait un des meilleurs arguments contre l'institution des actes de puissance publique ; elle serait la meilleure preuve que les gouvernements sont en dehors du droit. Sans chercher à prouver sa vérité, il faut la retenir ici comme une nouvelle indication, fournie par les partisans du droit public, sur l'organisation de l'autorité, évidemment impuissante à trouver sa limitation, aussi bien spontanément que sous la plume de ses théoriciens les plus libéraux, les mieux intentionnés.

A la fin de sa remarquable étude sur l'*Avenir du recours*

(1) Léon Marie. De l'avenir du recours pour excès de pouvoir. *Revue du droit public*, 1901, p. 487.

pour excès de pouvoir, M. Léon Marie a lui-même indiqué que ce moyen démocratique, loin de favoriser l'introduction des règles du droit dans l'administration, était « devenu aujourd'hui un obstacle au progrès de cette idée ». Dans les cas où l'excès de pouvoir est le seul recours à la disposition du citoyen lésé, on peut dire que le Conseil d'Etat commet un déni de justice : sa sentence condamne l'Etat en droit, mais ne lui adresse aucune injonction. Un fonctionnaire lésé par une nomination irrégulière obtient l'annulation de cette nomination : le ministre condamné n'est nullement tenu de le nommer. Le Conseil d'Etat peut-il d'ailleurs en cette circonstance réformer sa sentence? Nous savons que ce serait contraire au principe de la responsabilité ministérielle; d'ailleurs nul n'admettrait cette immixtion du Conseil d'Etat dans les cabinets des ministres, même par ceux qui réclament un état fixe pour les fonctionnaires.

Dans toute cette matière, le recours ne peut donc faire la justice ; il en est empêché par les règles constitutionnelles les plus précises, les plus solides; ses limites, c'est l'autorité ministérielle, le pouvoir parlementaire, c'est la théorie du Gouvernement. Le Conseil d'Etat cherche à s'évader de ces limites trop rigoureuses en diminuant le nombre des actes d'autorité, il élargit la notion de l'acte de gestion qui lui permet de réformer les actes administratifs, efforts utiles, certes, mais qui ne sauraient le mener bien loin, car l'institution de l'Etat, à laquelle tout l'attache, et ses traditions, et sa charte, et les doctrines de chacun de ses membres, l'arrêtera vite, en lui montrant irréfutablement que toucher à la responsabilité ministérielle, c'est toucher au régime dont il a la garde. Il y aura toujours des actes qu'il considérera comme discrétion naires, actes de nécessité gouvernementale, actes de puissance publique, qu'il respectera jusqu'à sa fin, comme le Parlement les respecte, et même plus énergiquement que lui, avec des raisons encore plus pressantes. L'impossibilité politique d'accorder aux fonctionnaires un état fixe, avec toutes ses conséquences, négation des droits du ministre, retentit jusque sur sa jurisprudence : il ne saurait créer à lui seul une sanction restitutive dont le Parlement se refuse à poser les premiers éléments, aussi bien incompatibles avec l'intérêt privé de chacun de ses membres qu'avec les nécessités supérieures qu'invoquent les gardiens de l'intérêt général.

Ce n'est pas de la bonne volonté, ni de la science juridique du Conseil d'Etat, créateur du libéral recours pour excès de pouvoir que nous devons donc attendre la fin des maux dont souffrent les fonctionnaires et les contribuables : d'ailleurs, après tant d'essais de bons tyrans, après la grande fiction de la nuit du 4 août, combien doit-il apparaître chimérique de vouloir limiter l'autorité par l'autorité. Quelle peut être la valeur de notre espoir dans cette garantie, si l'on se rappelle l'appréciation compétente faite sur la puissance de la juridiction administrative qui « est dans une certaine mesure l'administration elle-même... instrument naturel des concessions, des abandons des privilèges administratifs (1). »

*
* *

Du recours pour excès de pouvoir on rapproche la jurisprudence du Conseil d'Etat qui a créé la responsabilité pécuniaire de la puissance publique, comme une autre utile et décisive amélioration au système autoritaire de l'Etat.

Pendant les troubles du Quartier Latin du mois de juillet 1893, un certain nombre de personnes furent blessées, quelques-unes prétendirent avoir été ruinées ; il y eut même un mort (Nuger). L'opinion, assez vivement surexcitée, fit remonter la responsabilité de ces faits à l'Etat, dont la police n'avait su ni prévenir ni réprimer les désordres à temps ; un député, M. Georges Berry, voulut imposer à l'Etat la responsabilité pécuniaire de ces faits, comme sont responsables les communes, (loi du 10 vendémiaire an IV, loi du 5 avri 1884). Il développa cette idée au cours de la discussion du budget du ministère de l'Intérieur, à la séance du 18 février 1895, appuyé par son collègue Viviani (2). « Comme à Paris, dit-il, c'est l'Etat qui est chargé de veiller à l'ordre public, nous pouvons bien en conclure que c'est l'Etat qui est responsable des dommages causés par les troubles du Quartier Latin. »

(1) *La gestion administrative*. Paris, 1899, p. 82, n° 3.

(2) *Journal officiel* du 19 février 1893, (Déb. parl. Ch., p. 391 et s).

Le ministre de l'Intérieur (M. Georges Leygues) se contenta de renvoyer la question à un examen ultérieur, tout en affirmant qu'il était « obligé de défendre la thèse de l'irresponsabilité de l'Etat », que c'était là une « question de droit », exclusive de tout « sentiment et équité ». L'interpellateur répondit à cette argumentation en déposant un amendement tendant au vote d'un crédit de 100.000 francs, destiné à indemniser les victimes, ne prétendant d'ailleurs que proposer une mesure exceptionnelle, sans vouloir entamer le principe défendu par le ministre de l'Intérieur. La Chambre, ni équitable ni sentimentale, comme le lui demandait le ministre, rejeta l'amendement par 357 voix contre 113. Elle se ralliait à la thèse régalienne (1). C'était alors la théorie conforme à la jurisprudence du Conseil d'Etat, formulée dans l'arrêt suivant, en termes impératifs: « Considérant qu'il est de principe que l'Etat n'est pas, en tant que puissance publique, et notamment en ce qui touche les mesures de police, responsable de la négligence de ses agents... (2) ».

Cette irresponsabilité absolue, quelques arrêts du Conseil d'Etat l'ont attaquée en instituant la *faute du service public*, la *faute dans l'exercice de la puissance publique*. L'arrêt important en la matière fut rendu, à la date du 27 février 1903, dans les intéressantes circonstances de fait que M. Maurice Hauriou a rapportées de la façon suivante (3): « En 1893, un

(1) *Journal officiel*, *cod. loco*. p. 414.
(2) Arrêt Lepreux, en date du 13 janvier 1899 (S. 1900. 3. 1).
(3) *Sirey*. 1905, 3, 17 et *cod. loc*. aff. Tomaso Greco, p. 113. les aff. Le Berre (29 mai 1903. Nivaggioni (1er juillet 1904) S. 1904. 3. 121.

conducteur des ponts et chaussées et un entrepreneur chargés de l'entretien d'une route nationale pratiquèrent des fouilles pour se procurer du sable et des cailloux dans un terrain appartenant aux consorts Olivier-Zimmermann, et situé sur le bord de la rivière la Nive, au territoire de la commune d'Hüartcise, département des Basses-Pyrénées. Ces fouilles constituaient une voie de fait évidente, n'ayant été précédées d'aucune des formalités que la loi du 29 décembre 1892 impose pour l'occupation temporaire. Les consorts Olivier-Zimmermann, par exploit en date du 12 février 1894, assignèrent devant le tribunal de première instance de Saint-Palais les auteurs de cette voie de fait, qui allaient être infailliblement condamnés. La sablière en question se trouvait placée fort près en amont du point où la rivière la Nive devient flottable. Le préfet des Basses-Pyrénées, pour couvrir ses agents (1), eut cette idée que, si l'on pouvait faire admettre que le terrain faisait en réalité partie du domaine public, du coup, la voie de fait disparaîtrait, car des fouilles peuvent être pratiquées sur les dépendances du domaine public, pour des travaux publics, sans aucune formalité. Le 20 mai 1895, il prenait un arrêté de délimitation de la rivière la Nive, englobant dans le domaine public la sablière Olivier-Zimmermann, sous le prétexte que le point de flottabilité devait être reporté au-dessus de ce terrain. Dans les trois mois, les consorts Olivier-Zimmermann formèrent pourvoi au Conseil d'Etat en annulation de l'arrêté

(1) «L'Etat est un honnête homme. » Thiers.

de délimitation et, en même temps, pour mieux affirmer leur droit de propriété, ils entourèrent d'une clôture le terrain contesté. Le préfet leur fit dresser procès-verbal de contravention de grande voirie pour avoir enclos une dépendance du domaine public, et, ayant obtenu, à la date du 24 juin 1896, une condamnation par arrêté du Conseil de préfecture, il fit immédiatementt exécuter cette décision, malgré l'appel interjeté par les consorts Olivier-Zimmermann devant le Conseil d'Etat, et fit enlever la clôture par les agents des ponts et chaussées ; en même temps, l'Administration faisait affermer la pêche au droit du terrain, comme si celui-ci était devenu domanial. Cependant la justice du Conseil d'Etat avançait. Le 11 mars 1898, il rendit deux arrêts. Par le premier, il annulait l'arrêté de délimitation du 20 mai 1895, comme mal-fondé, et comme violant le droit de propriété des requérants, et par le second, en conséquence, il mettait à néant la contravention prononcée par le Conseil de préfecture... Sitôt après... (les consorts Zimmermann) saisissent le ministre des Travaux publics d'une demande en indemnité pour le préjudice que leur ont causé et la démolition de leur clôture, et l'affermage du droit de pêche, et enfin les procédures auxquelles les vexations de l'Administration les ont obligés dans cette belle, mais coûteuse, défense de leur droit. C'est sur cette demande en indemnité, qui, elle, est adressée directement à l'Etat comme responsable des agissements de son préfet, qu'est intervenue la décision du 27 février 1903. »

L'arrêt décida :

« Article premier. — La décision du ministre des Travaux publics est annulée en tant qu'elle a rejeté les conclusions des consorts Olivier-Zimmermann, tendant à obtenir la réparation des dommages qui ont été pour eux la conséquence de l'arrêté préfectoral, ordonnant la démolition de la clôture établie sur le terrain dont ils sont propriétaires dans la commune d'Huart-Cise.

« Art. 2. — Les consorts Olivier-Zimmermann sont renvoyés devant le ministre des Travaux publics pour y être procédé à la liquidation de l'indemnité à laquelle ils ont droit en vertu de la présente décision. »

Ainsi que cela résulte des termes de l'arrêt, le fondement de la responsabilité de l'Etat, ce fut l'exécution immédiate par le préfet de l'arrêté pris par lui, avant qu'il eut été statué sur le pourvoi formé par les requérants. Cette base, donnée à l'arrêt, est importante à considérer, car c'est un droit pour la puissance publique, de faire exécuter immédiatement ses décisions, sans qu'il lui soit nécessaire de faire reconnaître leur validité par un juge ; comme dit Hauriou, « c'est la grande prérogative de la puissance publique ». Or, c'est cette prérogative régalienne que l'arrêt du Conseil d'Etat a atteinte, en décidant que son exercice n'était plus *a priori* légitime : il lui reproche « un ensemble de mesures abusives » ; et il l'assujettit à des

« risques et périls ». Voilà par où la puissance publique cessait d'être absolue (1).

Dans le même sens restrictif, la distinction entre les actes de puissance publique et les actes de gestion qui a constitué une première atteinte aux privilèges de l'Etat, dont à l'origine, on s'en souvient, tous les actes étaient considérés comme régaliens, a reçu un développement nouveau, singulièrement important, provoquée par l'extension des services publics à nature industrielle : la jurisprudence du Conseil d'Etat a fini par décider, comme dans les cas précédents, que certains actes de puissance publique pourraient être l'occasion d'une responsabilité pécuniaire, tout en restant actes de puissance publique. Soustraits, par principe, au régime contractuel, ils peuvent désormais être immobilisés et comme aliénés par des contrats de concession de services publics, par des actes analogues à ceux des simples particuliers : la jurisprudence a limité ainsi la puissance publique par des actes de gestion. « La personne morale est titulaire des droits de police, et dès lors pourquoi ne pourrait-elle être responsable à raison des actes de police irréguliers, pourquoi ne pourrait-elle pas prendre certains engagements relatifs à ces droits de police... ? » (2). Voici les

(1) D'autres arrêts sont intervenus dans des circonstances analogues : ainsi le Conseil d'Etat a déclaré l'Etat responsable d'un accident survenu à un particulier qui circulait en voiture sur une route et dont le cheval a été effrayé par un coup de feu et par la brusque apparition de soldats exécutant des exercices en campagne. Conseil d'Etat, 16 mai 1902. S. 1905. 3.45.

(2) Sur cette question, lire l'étude de M. Henri Ripert : Des rapports

cas : une commune peut violer un contrat qu'elle a passé par un acte de gestion ; mais elle peut également le violer par un acte de police, acte de puissance publique : il y aura, dans les deux occasions, recours pécuniaire contre elle.

Le principe de la liberté du commerce et de l'industrie interdit aux communes de concéder des monopoles de services privés à des particuliers. Les communes tournèrent ce principe pour arriver à rendre valables des concessions de ce genre, mais détour de droit, qui fut au détriment de leur puissance publique : ce n'est pas le droit de distribuer l'eau ou le gaz, par exemple, qui fut concédé à un seul particulier, à une seule compagnie, mais le droit de faire dans les rues les travaux nécessaires à l'installation des conduites. Le contrat ne visait que cette autorisation, acte de police ; mais en même temps, la ville s'interdisait d'accorder de nouvelles autorisations de voierie à des particuliers pour des entreprises analogues.

Le Conseil d'Etat reconnut la validité de pareils engagements qui limitait cependant le droit de police des communes. Le droit de police s'effaçait devant la personne morale, agissant dans l'intérêt d'un service public ; c'est ainsi que la puissance publique put devenir responsable pécuniairement.

Autre exemple. Aux termes de l'article 33 du règlement du 6 août 1881, rendu pour l'exécution de l'article 38 de la

entre les pouvoirs de police et les pouvoirs de gestion dans les situations contractuelles. *Revue du droit public*, 1905, n° 1.

loi du 11 juin 1880, « le préfet détermine, sur la proposition du concessionnaire, le minimum et le maximum de la vitesse des convois de voyageurs et de marchandises sur les différentes sections de la ligne, ainsi que le tableau du service des trains ». Fort de cet article, un préfet prétendi user de son droit réglementaire de police pour imposer à un concessionnaire de tramways un train de plus que ne l'avait prévu son cahier des charges. Le Conseil d'Etat décida (1) que le pouvoir de police du préfet était lié par le cahier des charges : « Considérant que, si l'article 33 du règlement d'administration publique du 6 août 1881 confère au préfet le droit de déterminer, sur la proposition du concessionnaire, le tableau du service des trains, cette disposition doit être conciliée avec l'article 14 du cahier des charges de la compagnie requérante, qui porte que le nombre minimum des voyages qui devront être faits tous les jours dans chaque sens est fixé à deux en hiver et quatre en été ; que le nombre des voyages fixé par cet article 14 constitue donc un minimum contractuel, qui ne peut être modifié que par l'accord réciproque des parties. »

Pour mettre cette nouveauté d'accord avec la tradition, les juristes ont distingué une police de gestion et une police de l'ordre public, l'une « de souveraineté, d'autorité », l'autre « dans laquelle l'administration apparaît comme le *negotiorum gestor* du public » (2). Distinction intéressante,

(1) Arrêt du 23 janvier 1903.
(2) M. Hauriou, *Gazette du palais*, 1904, 3, 49 et s., note.

mais qui ne préserve pas le principe de l'inaliénabilité de la puissance publique, sinon par voie indirecte. M. Maurice Hauriou cite, en effet, de nombreux cas où la police d'autorité devient indisponible entre les mains de celui qui peut l'exercer, ainsi, « les règlements obligeant les bouchers à faire abattre à l'abattoir, ou établissant des taxes d'abattoir, annexés au cahier des charges de la concession d'un établissement de ce genre, font corps avec le marché, et si quelqu'une de ces taxes est déclarée illégale, un droit à résiliation est ouvert au profit du concessionnaire pour inexécution des conditions » (1).

Les administrations publiques peuvent donc s'exposer à des condamnations pécuniaires ou à des résiliations en usant de leur droit de police de telle façon que cet exercice ait nui à un concessionnaire de service public. Ce droit de police, inaliénable théoriquement, l'administration publique conserve le droit de l'exercer, mais en fait, il est paralysé par ces concessionnaires qui, si elles ne le mettent pas juridiquement dans un patrimoine privé, du moins l'en rendent en quelque sorte prisonnier.

Les décisions réglementaires qui lèsent l'exercice des concessions publiques, celles qui auraient pour effet d'augmenter les obligations prévues au cahier des charges, de les modifier, ne peuvent être l'objet d'un recours pour excès de pouvoir : en droit, ces actes de police « tombent au milieu de la situation de gestion créée entre l'administration et son

(1) *Recueil des arrêts*. Audibert, 28 juin 1901, p. 578.

concessionnaire et deviennent des éléments de cette situation, par conséquent des actes de gestion ». Si ce n'étaient que des actes de gestion, il n'y aurait pas innovation : ce n'est que dans les mots que l'autorité n'est pas atteinte, car, en pratique, même *un fait du prince* peut donner ouverture à indemnité pécuniaire au profit d'un concessionnaire de service public. Voilà en quoi cette jurisprudence fait œuvre nouvelle.

Dans d'autres cas, la puissance publique a été déclarée responsable : lorsque son exercice couvrait des abus de gestion, n'était destiné qu'à éviter une responsabilité, qu'à se soustraire à une obligation, notamment toute cette série d'abus d'autorité, de détournement de pouvoir, déguisant des actes faits en vue d'intérêts financiers. Ainsi, par exemple, le fait d'user du droit de police pour refuser ou différer la délivrance de permis d'alignement ou de bâtir dans le but de ne pas exproprier un immeuble coûteux (1), pour fermer une usine sous prétexte de salubrité dans le but d'éviter une responsabilité d'indemnité pécuniaire : les principes applicables aux actes de gestion ont empiété sur la puissance publique ; c'est l'Etat, personne morale, qui a imposé les caractères de droit commun à des actes jusqu'alors exorbitants du droit commun, aux actes de l'Etat considéré comme puissance publique ; les motifs de ces actes sont tombés sous l'appréciation juridictionnelle.

(1) S. 1902, 3. 41.

Dans une dernière série d'arrêts, le Conseil d'Etat a posé le principe de la responsabilité pécuniaire de l'Etat au regard de certains actes qui avaient toujours été considérés comme à sa discrétion, actes de pure puissance publique : les décisions relatives aux fonctionnaires. Il est revenu sur l'ancienne jurisprudence dont M. Laferrière posait, en ces termes, l'intransigeance catégorique : « Les erreurs ou les fautes commises par le supérieur hiérarchique à l'égard de l'inférieur ne donnent lieu à aucune action en indemnité contre l'Etat et cela, non seulement quand le supérieur abuse de ses pouvoirs discrétionnaires de discipline ou de révocation, mais encore lorsqu'il porte illégalement atteinte à un droit acquis » (1). Il s'agit d'arrêts, rendus en 1903 et 1904, qui visent, l'un, une décision fondée sur une illégalité, un excès de pouvoir, l'autre, une décision fondée sur une erreur, le troisième, une décision fondée sur une décision non équitable à l'encontre d'un fonctionnaire (2).

De cette complexe et forte jurisprudence peut-on prévoir la disparition progressive de ces faits discrétionnaires que l'on a appelés : *faits du Prince*, « faits de la puissance publique qui, après avoir condescendu à traiter, à marchander, à se lier, tout d'un coup se retrouve *Prince*, c'est-à-dire absolu au sens originaire du mot, affranchie de tout lien, et cela dans des circonstances telles que cette manifestation du Pouvoir absolu est de nature à modifier les éléments de la

(1) *Traité de la justice administrative*, II, p. 186.

(2) Affaires Le Berre, Nivaggioni, Villenave (S. 1904, 3. 121).

situation contractuelle qu'elle aurait auparavant laissé s'établir (1). » L'autorité du prince finira-t-elle par être résorbée dans la responsabilité du contractant ? Voilà la question.

L'extension de la responsabilité de l'Etat aurait bien pour effet de fondre l'Etat dans l'ensemble des intérêts privés ; mais c'est bien cela qui certainement empêchera l'extension. « Si notre jurisprudence s'est montrée si peu large dans l'application du droit privé à l'Etat, c'est en partie, croyons-nous, par suite des préoccupations nées de la question de compétence. On a voulu soustraire l'Etat à la juridiction des tribunaux civils (2) ».

A quoi serviraient les tribunaux administratifs le jour où serait faite l'unité de droit, et l'unité faite que resterait-il de la prééminence de l'Etat et de l'autorité ?

En tout cas, et sans que l'on puisse arriver à aucune certitude, il semble douteux que les actes de gouvernement (3), tombent jamais dans le domaine juridictionnel ; seuls ils échappent à tout débat contentieux, en vertu de l'article 26 de la loi du 24 mai 1872 (4). Réduite, « la liste des actes du gouvernement est encore trop large puisqu'elle n'a aucun fondement juridique que la raison d'Etat », comme le fait remarquer le professeur Jèze (5). L'Etat, particulièrement,

(1) Hauriou.

(2) Michoud. *Op. cit.*

(3) Actes diplomatiques, traités, faits de guerre, lois, etc.

(4) « Les Ministres ont le droit de revendiquer devant le tribunal des conflits les affaires portées à la section du contentieux et qui n'appartiennent pas au contentieux administratif. »

(5) Jèze. *Jurisprudence administrative.* (*Revue du droit public*, 1905, I.)

se refusera toujours à admettre une responsabilité quelconque dans la nomination ou la révocation des hauts fonctionnaires dont l'action met en jeu la responsabilité politique des ministres. Si la responsabilité pécunière est jamais admise, ce ne sera que par biais et exceptionnellement, sans atteindre le fonctionnement du principe. On se heurte à un ensemble de règles où se brise toute tentative de liberté: on se heurtera toujours à la nécessité de laisser libre le jeu de la responsabilité ministérielle.

* * *

La Cour de cassation rendit, à la date du 13 janvier 1829, un arrêt qui a paru singulièrement important dans l'évolution de notre constitution politique : il était destiné à nous protéger contre l'illégalité ou l'arbitraire des règlements, c'est-à-dire contre les abus de la puissance publique.

Les tribunaux doivent appliquer la loi ; on sait comment ils l'appliquent. Ils sont tenus, d'autre part, sur les injonctions des lois des 16-24 août 1790 et 16 fructidor an III, de ne pas s'immiscer dans l'administration : c'est le principe de la séparation des pouvoirs. L'une des conséquences primitives était d'obliger les tribunaux à appliquer les règlements promulgués par le chef de l'Etat, sans s'inquiéter de leur légalité, de même qu'ils n'ont pas à examiner la constitutionnalité des lois. Admettre la règle inverse, eut paru les autoriser à s'instituer les juges du pouvoir exécutif.

Sous l'Empire, le Sénat conservateur était le gardien de la Constitution, aussi bien contre le pouvoir législatif que contre le pouvoir exécutif. L'Empire tombé, cette assemblée disparut et avec elle la garantie, qui d'ailleurs n'avait jamais fonctionné ; les chartes de 1814 et de 1830 ne la remplacèrent par aucune institution analogue.

Ce n'est que lorsque l'organe eut disparu que la fonction fut remplie. Les tribunaux s'arrogèrent peu à peu le droit d'examiner les décrets, en se défendant, d'ailleurs, de se poser en censeurs de l'administration, simples gardiens des ois : chargés de les appliquer à l'occasion des contestations entre particuliers, devaient-ils donner une valeur légale, c'est-à-dire appliquer des actes administratifs qui entreprenaient sur les lois ? C'est ce qu'ils se demandèrent : ils répondirent en prenant la place depuis longtemps vide du Sénat conservateur. Le tribunal de la Seine débuta, en fait, le 28 juillet 1830, en déclarant que la célèbre ordonnance, qui devait nous donner la royauté citoyenne, « était contraire à la charte » et en condamnant un imprimeur qui l'avait invoquée pour se soustraire à ses obligations. C'est le jugement célèbre ; mais il avait été précédé par un arrêt de la cour de cassation, en date du 13 janvier 1829, qui donna sa théorie à cette jurisprudence : « Considérant que, depuis la promulgation de la charte, il est de principe absolu que les ordonnances du roi ne peuvent pas annuler les lois ni déroger à leurs dispositions; qu'elles doivent, au contraire, en assurer l'exécution dans les limites du pouvoir réglementaire; — considérant que les tribunaux institués par le roi pour rendre la justice selon les lois du royaume, sont spécialement chargés d'en faire l'application à tous les cas particuliers soumis à leur juridiction ; que cette application ne pourrait pas se faire, ou serait totalement illusoire, s'il était vrai qu'en présence des principes ci-dessus proclamés, ils dussent aveuglément appliquer comme lois des ordonnances qui y seraient diamétralement contraires, ou qui auraient illégalement prononcé l'abrogation de quelque loi ; qu'une telle obligation imposée aux tribunaux serait subversive de leur indépendance qui est la garantie des justiciables, que vainement donc on chercherait à opposer qu'il existe des lois, notamment celle du 16 fructidor an III, qui interdit aux tribunaux de connaître des actes d'administration et d'empêcher l'exécution (1) ».

C'était déjà la charte de 1830, c'était les Trois Glorieuses. Trois ans plus tard, cette jurisprudence était légalisée par la loi du 28 avril 1832, dont l'article 95 est devenu le paragraphe 15 de l'article 471 du Code pénal, aux termes duquel ne doient être exécutoires que les « règlements *légalement* faits par l'autorité administrative. »

Les tribunaux se défendent d'empiéter sur l'administration, et leur jurisprudence prétend assurer le respect du principe de l'an III, en évitant d'examiner l'utilité des me-

(1) Sirey, 1829, 1.172.

sures édictées par elle : ils ne considèrent que la forme. C'est la restriction que la cour de cassation, après son célèbre arrêt, a eu plusieurs fois l'occasion d'exprimer. Ainsi, à l'occasion d'un jugement de police, qu'elle cassa pour ce fait qu'il avait rejeté l'application d'un règlement pour des raisons qui n'étaient tirées ni de la compétence, ni des formes : « Attendu que le tribunal de police n'a compétence que pour rechercher si l'arrêté est légal, que ce n'est pas à lui, mais à l'autorité supérieure qu'il appartient d'apprécier les inconvénients résultant de la difficulté plus ou moins grande qui pourrait se présenter dans l'exécution ; qu'en admettant tout le contraire et en acquittant les prévenus à raison des inconvénients que pouvait présenter l'exécution de la mesure, le juge de police a commis un excès de pouvoir et violé le principe de sa compétence (1)... »

Ce droit judiciaire limite dans une certaine mesure l'exécutif ; il enlève à la puissance publique une partie de son caractère discrétionnaire et personnel, partant monarchique : il faut donc le retenir comme un des faits notables de l'évolution du régime démocratique. Formulé pendant la lutte de la nation contre la monarchie, la magistrature assurait ainsi, par les soins de la loi elle-même, le triomphe d'un système politique incompatible tout à la fois avec le cens et la monarchie ; et elle diminuait les prérogatives du roi et celles de la classe privilégiée qui l'appuyait, travaillant contre la

(1) *Sirey*, 1881, 1, 485.

monarchie, sans le savoir, comme les pieux légistes de l'ancienne France aidaient sans s'en douter à la formation de notre Etat laïque. Historiquement, ce droit de contrôle judiciaire rentre donc incontestablement dans la catégorie des faits qui ont édifié le régime parlementaire, ce que l'on a appelé la souveraineté nationale : mais est-il aussi restrictif qu'on l'a dit ?

Ceux qui croient devoir faire rentrer dans l'exécutif le pouvoir judiciaire, estimeront peut-être qu'il n'y a là qu'un virement d'autorité dans l'intérieur d'une même institution ; ils diront que l'autorité perdue par le président de la République profite aux tribunaux, qu'il n'y a donc pas en fait atteinte à l'exécutif. Ainsi perdrait sa valeur « anarchique » la jurisprudence consolidée par la loi de 1832.

Le pouvoir judiciaire, chargé d'appliquer les lois, a une fonction semblable au pouvoir exécutif, dont le chef est, aux termes de la constitution, également chargé d'assurer l'exécution des lois : ce sont donc tous deux des pouvoirs d'exécution. Considérés sous cet angle, il est certain que le jugement et le règlement ont une même nature subordonnée. Mais ce n'est là qu'une observation formaliste ; car ce qu'il faut considérer, c'est les fonctions de ces deux pouvoirs dans la pratique, le développement de leur évolution.

Le pouvoir réglementaire, même quand il est une délégation expresse du Parlement, a une nature exécutive : le considérer comme législatif en raison de cette origine, c'est vouloir faire rentrer dans la loi des faits dont la véritable nature dépasse certainement la qualification théorique. L'exercice du pouvoir réglementaire est directement l'exercice d'un véritable pouvoir législatif ; directement, car le renvoi du complément des lois à l'administration est un aveu de l'impuissance parlementaire par le Parlement lui-même ; ce n'est pas une délégation au sens précis du mot : c'est l'exercice par le Pouvoir exécutif de la fonction que le législatif ne peut exercer. Le renvoi fait par la loi expressément à un règlement n'est guère qu'une clause de style, sans valeur pour assurer pratiquement la prééminence législative. Le règlement donne plus de vie à une loi que la loi ne lui en donne ; son importance est même toujours si grande qu'on ne peut l'envisager ni comme une simple mise au point, ni comme un accessoire, ainsi que la théorie constitutionnelle nous en fait un devoir : que seraient, par exemple, les lois ouvrières, les lois douanières, toutes les lois fiscales, les lois sur les fraudes alimentaires détachées de leurs règlements ?

Il en est ici comme pour l'interprétation prétorienne de la jurisprudence qui fait, elle aussi, une œuvre dépassant sa compétence constitutionnelle : elle étend et modifie à un tel point la loi qu'on ne peut considérer ses arrêts comme l'application ou le développement des textes : elle exerce un véritable pouvoir législatif.

Devant ces empiètements sur ses attributions que fait le pouvoir préposé par la constitution à la législation ? Bien loin de les restreindre, il use de plus en plus fréquemment de la prétendue délégation, et laisse faire la magistrature.

Ces observations faites, quelle est la valeur du pouvoir de censure formaliste que s'arrogent les tribunaux. Ramené aux faits, le consentement, tacite ou explicite, du pouvoir législatif à ces empiètements, n'est qu'une façon d'expliquer poliment l'impuissance du Parlement à remplir tous les pouvoirs qu'il réclame constitutionnellement.

Explication qui reste insuffisante, car il y a plus à dire : si le pouvoir de contrôle a changé de mains depuis l'Empire, a passé au judiciaire, faut-il conclure que celui-ci empiète sur le législatif ? En prenant un droit d'examen sur les règlements on ne peut dire que le judiciaire se soit substitué au législatif, car cet examen n'a pour objet que de ramener le décret à la loi : l'article 471 du code pénal maintient donc au décret le caractère législatif qu'il pouvait sembler avoir perdu. Mais contrarie-t-il l'extension arbitraire du pouvoir exécutif ? En fait, cette censure n'a qu'un effet très superficiel sur l'arbitraire du pouvoir, qui saura toujours échapper à la censure judiciaire, en respectant les formes. Il ne s'agit que d'une critique extérieure : le gouvernement reste maître du fond du règlement, c'est-à-dire des dispositions destinées à organiser les articles imprécis de la loi votée par le Parlement. Nous devons donc conclure que c'est l'autorité qui se renforce bien loin de se limiter : les tribunaux ne font que lui reconnaître une légitimité, qui de la forme va jusqu'au fond pour lui communiquer la force exécutoire du « règlement légalement fait ».

Toutes ces limitations apportées par le temps aux droits discrétionnaires des gouvernants n'ont aucunement le caractère libérateur qu'on leur a bénévolement accordé. C'est l'autorité qui se développe sur elle-même, sur son propre fond, cherche son équilibre, constamment rompu par les luttes dérivées de l'inégalité économique ; harcelée, elle abandonne des privilèges, mais ne propose ni n'organise un régime de liberté, ce qui d'ailleurs serait impossible, incompatible avec son essence, avec l'ensemble des règles qui font qu'elle est l'autorité. Rien ne peut la purger de l'arbitraire, ni les recours devant le Conseil d'État, ni le tribunal des conflits, ni la surveillance législative du pouvoir judiciaire sur les réglements d'administration publique : l'autorité cessera d'exister lorsqu'elle ne sera plus arbitraire.

Chaque jour apporte la preuve de cette impuissance constitutive. Les meilleurs et les plus probes hommes politiques doivent reconnaître que la révolution du 4 septembre n'a pas apporté dans les administrations publiques cette justice que les démocrates assermentés promettaient sous l'Empire. Aux doléances des citoyens, les ministres ne savent qu'opposer leur responsabilité ministérielle : et il faut reconnaître qu'ils restent respectueux de la constitution dans leur irréductible refus de déposer la pourpre de leurs prérogatives. En abandonnassent-ils d'ailleurs une part importante, que tous les hommes politiques resteraient d'accord pour leur en laisser suffisamment, sous peine de tuer la responsabilité du cabinet, et avec elle le régime parlementaire, la République.

On arrivera peut-être à consolider les droits des fonctionnaires inférieurs, mais les fonctionnaires supérieurs, ceux qui prennent des décisions, resteront à la libre discrétion du ministre : la réforme pourra être intéressante, mais elle sera impuissante à nous délivrer des maux dont les injustices commises contre les petits et moyens fonctionnaires ne sont qu'une partie, une faible partie. Leurs auteurs responsables resteront révocables, c'est-à-dire dans la main du ministre et du Parlement. C'est tout ce que le Régime peut faire sous peine d'abdiquer ; et il n'y songe guère. Il faut d'ailleurs être assuré que ces réformes le fortifieront pour un temps, et sera fortifié par contre coup l'arbitraire. Quelques-uns en souffriront moins, cela est certain : voilà le bien ; mais ces employés favorisés deviendront des auxiliaires plus tenaces d'un État dont ils souffriront moins : voilà le danger. Ce seront de redoutables contremaîtres pour les libertés qu'il restera à conquérir.

De l'intérieur de l'État (réglement des ministères, interventions parlementaires) il n'y a rien à faire pour la liberté: l'arbitraire est constitutif au régime d'autorité. Mais du dehors tout est possible. Les fonctionnaires publics groupés dans leurs associations professionnelles trouveront nécessairement d'autres principes. d'autres méthodes, œuvre d'une élaboration en commun : voilà où commence le rôle des associations professionnelles, à l'endroit même où nous avons dû constater l'incompétence et l'impuissance absolues de la puissance publique.

Incompétence absolue. « Si ce mouvement syndical (des fonctionnaires) vous inquiète, disait M. Steeg au ministre de l'Intérieur, ou inquiète quelques-uns de vos collègues, il y a un moyen très simple de le prévenir ; vous pouvez l'empêcher de devenir très dangereux en le rendant tout à fait inutile : assurez à tous les fonctionnaires des garanties sérieuses et durables... pour leur nomination et leur avancement (1). » Mais le mal, M. Steeg le maintient, en laissant couler la source qui pervertit nécessairement tout le régime, elle vient d'être indiquée : laisser au ministre la libre nomination des fonctionnaires les plus justement accusés d'être des agents d'arbitraire, les préfets et les chefs des services des ministères. Voilà bien la preuve que rien de décisif ne peut venir de la Puissance publique, même maniée par des hommes intelligents et probes. L'arbitraire est une échelle qui du commis d'ordre monte au ministre : la raccourcir, ce n'est pas supprimer l'occasion des escalades par effraction ; ce n'est pas même les rendre plus périlleuses, de l'avis même de l'interpellateur qui prit la peine de signaler quelques fraudes ingénieuses destinées à tourner heureusement les obstacles légaux mis aux nominations irrégulières.

On peut rappeler ici ces quelques lignes contre l'arbitraire ministériel, dues à un juriste qui présida le Conseil d'Etat sous le Second Empire ; il est moins optimiste que le député républicain : « Nous n'avons besoin de contester ni

(1) *Journal Officiel* du 23 janvier 1906.

le caractère ni le talent des ministres et de leurs délégués ; nous les tenons tous, si l'on veut, pour sages et éclairés ; mais nous voudrions avant de leur remettre l'arbitraire, être assurés qu'ils auront toujours le loisir d'en user avec discernement, le courage de résister aux influences illégitimes qui les assiègent, et qu'ils ne seront jamais ni hommes de partis, ni parents aveugles, ni amis complaisants. Qu'on nous donne cette assurance, et nous tenons l'arbitraire ministériel pour le plus heureux des régimes (1). »

Le Parlement, les tribunaux, les administrations constituent un système dont toutes les pièces se commandent ; on peut les changer de place, mais on ne doit pas espérer détruire le vice de l'une sans détruire tout le système. « On a beau déterminer, avec toute la sagacité et la précision possibles, les droits et obligations des citoyens, les attributions des fonctionnaires, prévoir les incidents, les exceptions et les anomalies : la fécondité de l'imprévu dépasse de beaucoup la prudence de l'homme d'Etat, et plus on légifère, plus il surgit de litiges. Tout cela exige de la part des agents du pouvoir une initiative et un arbitrage qui, pour se faire écouter, n'ont qu'un moyen, qui est d'être constitués en autorité. Otez au principe démocratique, ôtez à la liberté cette sanction suprême, l'Autorité, l'Etat périt à l'instant (2). »

(1) Vivien. *Etudes administratives*, p. 107.

(2) Proudhon. *Le principe fédératif* (1863), p. 41.

CHAPITRE III

LE MÉCANISME DES ADMINISTRATIONS ET LA DÉPENDANCE DES FONCTIONNAIRES

Le principal ressort des administrations de l'Etat, c'est l'autorité ; c'est pourquoi on peut dire qu'elles sont monarchiques. C'est l'autorité qui décide des nominations et avancements des fonctionnaires ; c'est elle qui décide des méthodes de travail. Cela on le sait. Il n'y a qu'à le redire.

Qui est-ce qui dirige l'enseignement primaire en France ? C'est quelquefois un avocat, d'autrefois un ingénieur, mais, chose plus grave que l'incompétence d'un ministre, c'est que les bureaux chargés de la besogne immédiate, ne sont aucunement composés d'hommes ayant enseigné dans les écoles primaires et les connaissant : les employés, expéditionnaires, rédacteurs, chefs et sous-chefs de bureaux, sont des licenciés ès-lettres ou docteurs en droit recrutés au concours, ou d'anciens sous-officiers ; on peut même ajouter que le directeur du service est, en règle générale, un universitaire qui n'appartient jamais à l'ordre primaire ; quant aux rapporteurs du budget, dont le rôle est de contrôler l'administration, on compte ceux qui étaient des professionnels. Ce n'est donc que l'autorité qui est à la tête du service, et non la compétence technique ; c'est ce qu'on appelle le régime bureaucratique.

Un instituteur, M. Glay, écrivait au *Temps* dans ce sens, au nom de ses collègues : « Actuellement, l'accès aux fonctions administratives est presque impossible aux membres de l'enseignement primaire. Les bureaux sont remplis par d'anciens professeurs de l'enseignements supérieur ou de l'enseignement secondaire, par des *avocats* ou des *docteurs*, anciens attachés politiques de cabinets ministériels, par des *anciens militaires*. N'avons-nous pas appris tout dernièrement qu'une douzaine d'adjudants en retraite venaient d'être nommés commis d'inspection académique ? Il y a là une nouvelle invasion que nous ne pouvons admettre ; comment, en effet, les fonctionnaires, qui ignorent les conditions réelles de la vie de nos écoles, parce qu'ils n'y ont jamais pénétré — ou trop peu — comment peuvent-ils apprécier les réformes que nous leur demandons de traduire en projets de loi... Il y a là quelque chose d'illogique et de néfaste pour l'enseignement primaire (1). »

(1) *Le Temps*. Les Syndicats d'instituteurs, nº du 29 nov. 1905.

M. Chardon, maître des requêtes au Conseil d'Etat, a fait la même réflexion relativement au ministère des Travaux publics : « L'administration centrale, écrit-il dans un livre excellent, l'administration centrale ne fait que diriger et contrôler les services actifs. Elle devrait donc avoir la même compétence, les mêmes connaissances scientifiques et pratiques que les services. Comment admettre que le fonctionnaire chargé d'ordonner un travail ou d'en contrôler l'exécution ne sache pas la langue de celui qui exécute le travail...? La logique commanderait donc impérieusement de composer le service central exclusivement aves des éléments empruntés au service actif. Or, actuellement, il n'en est rien (1). »

Dans de telles conditions, l'administration centrale apparaît comme véritablement superposée à l'activité de ceux qui exécutent le travail ; des bureaucrates s'imposent aux instituteurs, aux ingénieurs, aux douaniers ; il y a, ainsi, séparation, en deux groupes, des fonctions d'action et des fonctions de contrôle et d'initiative.

Il y a cependant par exception, un service de l'Etat sur lequel les bureaux n'ont aucune action d'ordre technique : c'est le service judiciaire, abandonné aux juges eux-mêmes. Le ministre se défend de vouloir s'immiscer dans le fond des affaires portées devant les tribunaux ; et même « le droit de

(1) *Les travaux publics, essai sur le fontionnement de nos administrations*. (Paris. 1904) p. 25 et s. Cf. Le rapport sur le budget des Travaux publics pour l'exercice 1904 par le sénateur Gauthier, p. 12.

regard » duministre (1) dans les parquets n'a guère de partisans. Le juge n'est donc pas hiérarchisé quant à son travail, à ses devoirs ; il ne relève que de la loi, et d'ailleurs, même vis à vis de la loi, il témoigne de la plus évidente indépendance ; nous savons qu'il prétend à la liberté d'action même contre elle, en faisant de la législation prétorienne.

Un tel système d'administration repose nécessairement sur la faveur ; personne ne s'y trompe, si tout le monde ne le dit pas : c'est bien à l'autorité, à l'autorité centralisée, que chacun pense, quand est dénoncée la faveur à l'origine du plus grand nombre des postes de l'État. Un homme politique, M. Joseph Reinach, a signalé, après beaucoup d'autres, cette détestable faveur, dans un discours commémorant Gambetta aux Jardies, mais comme s'il eut craint de faire sienne la critique, à moins qu'il n'ait voulu la rendre plus saisissante, il lui donnait un caractère gambettiste : « Quand Gambetta demande que l'administration soit soustraite « aux pratiques, aux compétitions et aux influences parlementaires », se dissimule-t-il qu'il va heurter et blesser son propre parti qui tient les avenues du pouvoir ? Mais il a trop l'estime de ce parti pour ne pas l'avertir à temps que le népotisme électoral ne vaut pas mieux que le népotisme des cours et que la République ne serait plus la chose publique si les fonctions et les emplois,

(1) Le mot est de M. Vallé, gardedes Sceaux.

au lieu d'être réservés au talent et au mérite, l'étaient à l'intrigue et à la faveur (1). »

La critique est à retenir, dans la forme même où elle est faite : l'orateur a affirmé que la lutte contre le *népotisme électoral heurte et blesse* le parti républicain. Voilà l'important : la corruption est générale à tout un parti, c'est-à-dire au régime lui-même ; il y a un rapport de cause à effet entre le *népotisme électoral* et ce fait que le *parti républicain tient les avenues du pouvoir*. Qui doute d'ailleurs que la « tendance des démocraties et des gouvernements de parti est de faire des fonctions publiques une arme dans les luttes politiques ? La nomination aux emplois publics devient la récompense des services politiques ; la révocation est le châtiment infligé aux adversaires et même aux indifférents (2). »

De cette autorité, se plaignent également les fonctionnaires des administrations centrales, victimes du « fait du prince », et les fonctionnaires chargés d'assurer les services dans les départements, tous privés d'initiative et de liberté,

(1) *Le Temps*, 15 janvier 1906.

(2) Jèze. Jurisprudence administrative. *Revue du droit public*, 1904 p. 517.—Au cours de la discussion d'un budget du ministère de l'Intérieur, M. Audigier, député, disait : « Ah ! il est bien inutile d'essayer de comprendre avec M. Ribot » tout ce que renferme de noble et d'élévé la notion du service de l'Etat. » L'instruction, le talent, les bonnes notes des chefs hiérarchiques ne servent à rien. Quinze jours passés dans l'antichambre de tel ministre valent mieux que quinze ans de services publics. » (*Journal officiel*. Débats de la Chambre, n° du 23 janvier 1906, p. 94, première colonne).

jamais consultés, sinon peu ou mal, sur l'organisation de leur travail quotidien ; or comment, dans de telles conditions, pourrait-on espérer que les services de l'État pussent marcher convenablement? A des fonctionnaires-machines correspond nécessairement un travail machinal ; à des fonctionnaires menés par la faveur correspond une administration qui ignore l'ardeur au travail, incapable d'avoir cette curiosité qui rend inventeurs tant d'ouvriers de l'industrie privée. C'est là que l'on voit comment le public, en se plaignant de l'administration, se plaint, comme les fonctionnaires, de la méthode de travail et de recrutement de l'administration.

Les services centraux sont organisés d'une façon arbitraire ; ils ne peuvent être qu'arbitraires, parce que les employés ne sont pas compétents, compétents techniquement ; il ne s'agit pas de leur culture classique. Les fonctionnaires souffrent dans leurs rapports hiérarchiques de ce même arbitraire, sans en avoir remarqué la cause : n'étant pas distingués entre eux par une division technique du travail, les rapports communs ne peuvent avoir aucune certitude. La loi elle-même est impuissante à créer une certitude, un état stable des rapports nécessaires, comme il y en a entre ouvriers d'une usine, distingués par leurs tâches. Tout ne tient que par le *maître*, c'est-à-dire par l'autorité, incompétente par principe, car si elle était compétente, elle ne serait pas l'autorité ; aussi, tout doit être ramené constamment à l'ordre par des observations, des peines disciplinaires, des changements de personnel, des primes au zèle ; tout repose sur des individus *superposés* aux services, mais non parties aux services. L'administration est avant tout une hiérarchie.

La hiérarchie, que l'on invoque si souvent à l'aide de l'ordre, n'est que le soutien de l'arbitraire, bien loin d'en être le vaccin. On doit même poser cette formule : pas d'arbitraire, pas de hiérarchie ; pas de hiérarchie, pas d'arbitraire. Cette hiérarchie que l'on identifie à l'ordre, que l'on jette offensivement sur l'anarchie administrative au secours de la discipline méthodique, fait partie du système comme élément de désordre ; la renforcer, c'est compliquer le désordre, c'est même, si l'on veut, l'organiser. Est-il nécessaire d'avoir fait partie d'une administration publique pour comprendre ce système ? On le croirait parfois.

Qu'est-ce que la hiérarchie ? C'est un ensemble de règles qui a pour objet de permettre la révision ou l'annulation par un supérieur hiérarchique des décisions prises, des actes commis par un inférieur. « Dans son sens tout-à-fait général, la hiérarchie est le système en vertu duquel un agent peut suspendre, annuler ou réformer un acte fait par un autre agent ; et de cette compétence naît pour l'agent qui peut suspendre, annuler ou réformer, la qualité d'agent supérieur, par rapport à l'agent dont l'acte peut être modifié ou annulé et qui est, par suite, agent inférieur (1). » La hiérarchie, c'est donc l'armature de l'autorité.

(1) L. Duguit. *L'Etat, les gouvernants et les agents*, p. 475.

Comme M. L. Duguit le fait très justement remarquer, la hiérarchie, ainsi entendue, ne s'applique, ne peut s'appliquer qu'aux purs actes de puissance publique, qu'aux actes qui résultent de la volonté unilatérale de l'agent inférieur ; elle est donc liée à l'autorité dans l'Etat. Lui échappent par conséquent les actes de gestion, c'est-à-dire tous les actes contractuels de l'Etat, toutes les opérations techniques de ses agents, les jugements et arrêts des cours et tribunaux. « L'effet de droit, dérivant d'un acte de gestion, n'est pas produit par la volonté unilatérale d'un agent ; il échappe par suite à l'action hiérarchique, puisqu'elle a pour but d'effacer les conséquences produites par les manifestations volontaires d'un agent... L'action hiérarchique ne peut atteindre l'action de gestion, car elle toucherait alors non seulement la volonté de l'agent inférieur, mais aussi la volonté du particulier (1). »

Le légendaire gaspillage de temps et d'argent des administrations publiques est en raison directe de la hauteur de l'échelle hiérarchique, c'est-à-dire du développement de l'autorité. On peut en trouver la preuve évidente dans un rapport de M. Gauthier, sénateur de l'Aude, sur le budget du ministère des Travaux publics pour l'exercice 1904, où nous est montrée la filière que doit suivre une affaire pour trouver sa solution. Il s'agit, en l'espèce, d'un projet d'agran-

(1) *Op. cit.*, p. 478.

dissement de port maritime, « affaire ne soulevant aucune difficulté », remarque le rapporteur lui-même : « *Dressé* par le conducteur des ponts et chaussées sur les indications de ses chefs, il est *vérifié* par l'ingénieur ordinaire, *ou* par l'ingénieur en chef, *reçu* et présenté au ministre par l'inspecteur général.

« On pourrait croire qu'en de telles conditions le ministre pourrait avoir certaines garanties du sérieux de l'étude faite. Cependant, le projet sera soumis encore à bien d'autres épreuves.

« Du cabinet du ministre, où il est enregistré, le dossier est envoyé au directeur des routes et de la navigation, lequel le transmet au chef de bureau des ports maritimes.

« Lequel le transmet à son sous-chef.

« Lequel le transmet à un rédacteur.

« Lequel, après enregistrement, prépare la transmission au Conseil général des ponts et chaussées.

« Et le dossier remonte du rédacteur au sous-chef de bureau, de celui-ci au chef de bureau, du chef de bureau au chef de division, et de ce dernier au directeur qui le fait parvenir, après due signature, au secrétariat du Conseil général des ponts et chaussées.

« Là, nous trouvons une sorte de bureau technique, avec un inspecteur général de 2e classe, cinq ingénieurs en chef, deux ingénieurs ordinaires, et un bureau administratif, avec un chef de bureau, un sous-chef, un rédacteur, un dessinateur et sept commis ou expéditionnaires.

« Le dossier est revu par les fonctionnaires de l'ordre technique et soumis au grand aréopage composé d'inspecteurs généraux.

« Quand il en sort, revêtu désormais de tous les avis exigés le projet revient à la Direction générale de la navigation, d'où, après dû examen, il est envoyé au ministre qui doit se prononcer en dernière analyse.

« Enfin, revêtu du visa approbatif du ministre, le dossier est retourné au directeur des routes et de la navigation, lequel le transmet au chef de division, qui le transmet au chef de bureau, etc., etc.

« Finalement, un rédacteur prépare une décision ministérielle basée sur l'avis du Conseil général des ponts et chaussées et le visa du ministre.

« Son travail est vu par le sous-chef, revu successivement par le chef de bureau, le chef de division, qui, lui, signe enfin, par délégation du ministre, et le dossier redescend tous les échelons de la hiérarchie jusqu'au rédacteur — commis d'ordre (1). »

Nous avons dit que l'autorité est nécessairement incompétente : la hiérarchie, armature de l'autorité, participe à ses défauts ; elle fait corps avec elle. C'est le gouvernement par en haut, l'acte de puissance publique, le ministère substitué aux corps élus, aux citoyens, c'est l'Etat contre la nation, entendue collectivement : par exemple, les préfets peu-

(1) Rapport fait au nom de la Commission des finances du Sénat, année 1903, S. E., N° 316, p. 10 et s.

vent annuler les arrêtés municipaux, ce qui est, en fait, la substitution à la compétence effective des habitants d'une commune, informés, intéressés, d'une opinion extérieure à eux, incompétente *ratione loci et ratione materiæ*; le ministre peut même enjoindre au préfet d'annuler des arrêtés municipaux; ainsi croît l'arbitraire. On voit bien une série de compétences juridiquement déterminées, mais il faut bien convenir que cette série n'implique que la confusion, car rien n'est plus contraire à l'ordre que ces remises en questions d'actes délibérés, dont les conséquences n'importent qu'à ceux qui les ont délibérés; rien n'est plus arbitraire que cette hiérarchie des pouvoirs.

Le contrôle de l'autorité des fonctionnaires est exercé par l'autorité d'autres fonctionnaires, dits supérieurs : c'est donc toujours l'autorité qui est le principe du système. Pourquoi serait elle moins arbitraire en haut qu'en bas ? Au reste, nous savons que la hiérarchie aboutit au cabinet du ministre où se concentre l'ingérence parlementaire, qui n'est jamais juridique, ni technique. La hiérarchie, en dernière analyse, n'est donc qu'un mode de l'arbitraire parlementaire.

La pratique constitutionnelle tient en ces quelques mots, écrits par un professeur de droit, directeur de la *Revue du droit public* : « La responsabilité politique des ministres devant le Parlement, le contrôle hiérarchique n'offrent aucune garantie sérieuse. L'administré ne peut compter ni sur la capacité technique du Parlement ou du supérieur hiérarchique, ni surtout sur leur impartialité et sur leur volonté de faire triompher la règle légale au risque de désavouer un ami politique (1). »

La hiérarchie a fait une bureaucratie aussi oppressive pour les citoyens que pour les agents chargés de la faire marcher, puissance inexorable, contre laquelle un député, c'est-à-dire un homme que ses fonctions n'écartent pas systématiquement des bureaux de l'Etat, M. Gabriel Deville, a déposé, en 1903, une proposition de loi en vue de remédier aux abus d'une administration qui est « devenue en France un pouvoir irresponsable dominant », en vue de remédier aux excès de pouvoir de chefs de service qui « n'en font qu'à leur tête, se livrant à des dépenses sans crédits, aux virements les plus irréguliers et s'entendant pour transformer le ministre, qui ne peut véritablement tout contrôler, en simple agent d'exécution de leurs fantaisies toujours coûteuses (2). »

Héritier de Hérault de Séchelles, M. G. Deville projeta la création d'un conseil supérieur du personnel de l'Etat, composé de trente-six membres élus, au scrutin de liste : douze par le Sénat et vingt-quatre par la Chambre. Ce conseil eût constitué le tribunal supérieur de tous les fonctionnaires de l'Etat, avec le droit de frapper de déplacement, de

(1) G. Jèze. Notes de jurisprudence. *Rev. du Droit public*, 1904, p. 520.

(2) Annexe au procès-verbal de la séance du 18 juillet 1903. Ch. des Députés. Doc. n° 1034.

rétrogradation, de retrait d'emploi, de révocation et de destitution. Souveraines, ses décisions n'eussent été susceptibles d'aucun appel ; aucune disposition légale en vigueur ne devait lui être opposable pour restreindre ses pouvoirs de police et de surveillance.

Cette proposition, qui signale un état d'esprit assez courant, ne semble avoir aucune chance de répondre aux intentions de son auteur : le mal de l'administration, ce n'est pas l'indépendance que les employés prétendent témoigner au Parlement. C'est l'ensemble des règles qui les éloignent tout à la fois de leur service et du public, c'est l'organisation basée sur des principes étrangers à la compétence.

Le tribunal de M. Gabriel Deville n'empêcherait pas la persistance de l'esprit d'autorité, qui ne pourrait être que raffermi par l'intervention d'un Parlement incompétent. Un conseil supérieur contre les fonctionnaires pourrait peut-être assurer la docilité des fonctionnaires envers le Parlement ; mais est-ce désirable au moment où, la trouvant excessive, quelques-uns ont dénoncé la « féodalité parlementaire (1) » et la « dictature des assemblées (2) ». Dans la proposition de M. Deville, il ne faut retenir qu'un signe de l'évolution vers un régime de responsabilité. Il y a évidemment une tendance dans ce sens, dont il faut montrer l'extension : en 1903, M. Ch. Benoist demande l'institution

(1) M. Audigier, député. P. de loi, 1904, n° 2.068. Annexe au procès-verbal de la séance du 17 novembre 1904, n° 2068.

(2) Le professeur Hauriou. S. 1899. 3. 121.

d'une cour suprême pour connaître des atteintes portées aux droits et aux libertés des citoyens (1). M. Brunet a demandé la création d'un jury national, et M. Clemenceau a fait une proposition du même ordre en vue de la protection de la liberté individuelle.

Le défaut de toutes ces propositions, c'est un caractère particulariste, accessoire en quelque sorte. Leurs auteurs ont cru pouvoir réformer l'arbitraire de l'Etat par le dehors, sans toucher aux rouages intérieurs. Comment ont-ils pu supposer qu'il peut être possible de diminuer l'immunité régalienne de l'Etat, sans que soient atteints nécessairement les rapports intérieurs d'autorité, qui sont précisément les soutiens de cette immunité ? Si l'Etat commande moins aux particuliers, il s'ensuivra nécessairement qu'il commandera moins aux fonctionnaires et inversement ; par un phénomène mécanique en quelque sorte, le coup terrible porté à la périphérie de l'Etat ne peut manquer de retentir jusqu'au centre. La puissance publique n'est pas une sorte d'îlot isolé dans la vie citoyenne ; c'est un ensemble de règles dont la stricte interdépendance ne permet pas les jeux d'analyse auxquels veulent la soumettre les faiseurs de systèmes. Cette interdépendance est d'ailleurs si visible qu'au mouvement d'opinion qui veut créer une responsabilité étendue de l'Etat et fondre le droit public dans le droit privé, correspond le mouvement des employés de l'Etat réclamant le bénéfice

(1) *J. O.*, doct. parl., Ch. S. O. 1903, ann. n° 712, p. 99.

de la responsabilité civile, compatible seulement avec un régime de droit privé ; s'ils demandent plus de droits, ils se soumettent en même temps à des règles qui, inéluctablement, font cesser leur irresponsabilité avec celle de l'Etat.

⁂

De la puissance publique, de l'incompétente activité de l'Etat, le fonctionnaire est le premier serviteur, son agent d'exécution : il la sert, mais elle se retourne contre lui pour lui retirer toute indépendance. Mais qu'est-ce,au juste, qu'un fonctionnaire ?

S'il est vrai que la supériorité d'une science est surtout une question de terminologie, il faut bien dire que l'absence de définitions élémentaires fait l'infériorité du droit et particulièrement de la partie relative à l'administration publique. On le voit aux controverses des auteurs sur l'étendue des garanties à accorder aux fonctionnaires ; ils ne s'entendent pas entre eux sur les termes qu'ils emploient. Rien n'est plus trouble que leur chicane, car il n'y a malheureusement pas de lumière qui rende aussi inutile pour les citoyens la définition du fonctionnaire que pour Pascal celle de l'homme par Platon. Ce qu'on sait toutefois, c'est qu'il y a nécessité à ne pas appliquer la dénomination commune du fonctionnaire à des agents publics qui diffèrent tant, depuis le préfet en uniforme de général jusqu'aux employés de ministères, aux huissiers de cabinet et aux ouvriers en bourgeron des manufactures de l'Etat, à tant d'hommes que le président Vivien unissait dans ces riches métaphores, sans doute peu juridiques : « Ils sont les rouages qui reçoivent le mouvement et le transmettent à la machine de l'Etat, les canaux par lesquels passent les bienfaits d'un gouvernement stable et régulier, les forces animées qui donnent la vie aux résolutions abstraites des grands pouvoirs (1). »

Trouble excusable : car combien de sortes de fonctionnaires n'avons-nous pas ? « Il y a des fonctionnaires qui votent, il y en a qui signent, d'autres qui parlent, d'autres qui sont aux écoutes, qui se promènent et qui regardent faire. Telle fonction, à peine suffisante pour un seul, occupe dix hommes ; tel homme reçoit les émoluments de dix fonctionnaires. » (2) Les mots mêmes ne peuvent guider dans la recherche d'une définition : « Tout fonctionnaire effectue un service public, mais tout service public n'est pas effectué par un fonctionnaire. Par suite le fait de remplir un service public ne confère pas toujours la qualité de fonctionnaire... il y a des fonctions sans fonctionnaires (3). »

On sait toutefois qu'il faut disjoindre, mais ce qu'on ne sait pas, c'est le moyen certain d'arriver à un classement indiscutable ; ce moyen, ni le Conseil d'Etat, ni la Cour de

(1) Vivien. *Etudes administratives*, p. 43.
(2) Proudhon. *De la création de l'ordre dans l'humanité*, p. 267.
(3) Kammerer. *La fonction publique en Allemagne*, p. 46 et 47.

cassation, ni l'École de droit, ni les ministres ne le connaissent. Et ce qui augmente l'embarras, c'est que le législateur loquace a employé les expressions les plus différentes, sans motif apparent : fonctionnaire public, agent du Gouvernement, agent public, citoyen chargé d'un service public, citoyen chargé d'un mandat public.

Le code pénal a sa définition et la loi de 1881 sur la presse a la sienne : ainsi la catégorie des fonctionnaires punissasables de forfaiture, d'après le Code pénal, ne correspond pas à la catégorie des fonctionnaires protégés contre la diffamation, c'est-à-dire que la même personne est tantôt fonctionnaire, tantôt non-fonctionnaire ; les employés de ministère ou de préfecture sont placés, quant aux règles sur la corruption, sous l'empire du code pénal (art. 117 et suivants), mais ne bénéficient pas de la juridiction criminelle en cas de diffamation (loi sur la presse du 28 juillet 1881). Ce qui a permis au répertoire Fuzier-Herman d'écrire « qu'il n'y a pas seulement simple indécision dans le langage, mais incertitude dans les idées (1). » La clarté a cependant fini par venir à ceux qui, sur les travaux de M. Nézard (2), de M. Berthélemy (3) et de M. Bourguin (4), ont admis la grande

(1) V. Fonctionnaire public, n° 4.

(2) *Théorie juridique de la fonction publique*, (1901), p. 767 et suivantes.

(3) *Traité élémentaire de droit administratif*, 1905, p. 49 et s. Cf. sa note au Dalloz, sous arrêt cassation du 18 février 1905.

(4) *De l'application des lois ouvrières aux ouvriers et employés de l'Etat*.

division correspondante aux deux catégories d'actes de l'Etat, les fonctions d'autorité et les fonctions de gestion. C'est la division admise par M. Barthou dans son rapport (1) à la Chambre sur les modifications à apporter à la loi de 1884 (2).

L'étude des fonctions que l'Etat a assumées à mesure que les relations sociales entre les hommes provoquaient l'extension de services communs plus nombreux, a amené cette distinction qui semble bien dériver de la nature même des choses, d'une part, des fonctions de police et d'ordre, assurées par des moyens de coercition et de contrainte ; d'autre part, des fonctions de nature technique, commerciale et industrielle, comme les routes, les tabacs, les postes, l'enseignement.

« Le domaine de la gestion, écrit M. Henry Nézard, professeur à la Faculté de droit de Nancy, dans sa très remarquable étude de la *Théorie juridique de la Fonction publique*, c'est le domaine des intérêts particuliers ou généraux, c'est celui de l'égalité de droit entre les parties, c'est celui du droit privé. Le domaine de la puissance publique, c'est celui des actes de commandement et des rapports de puissance, de subordination, de l'inégalité de droit ; c'est celui du droit public (3). »

(1) Session extraordinaire de 1903, *Doc. parl.*, n° 1418.

(2) Elle a été également adoptée, après discussion, par le Congrès de la Ligue des Droits de l'homme en 1905 et par la section juridique du Musée social (*Annales du Musée*, n° 2, février 1906, p. 73.)

(3) P. 461.

A ces deux catégories de fonctions, il fut naturel de faire correspondre deux catégories de fonctionnaires, d'une part, des préfets, des gouverneurs de colonie, des agents diplomatiques, des magistrats, c'est-à-dire tous ceux, comme disent certains auteurs, « auxquels la loi a confié une puissance coercitive » (1), tous ceux qui ont le privilège de l'*imperium* et de la *jurisdictio* ; d'autre part, les employés de ministères, les ingénieurs et conducteurs des ponts et chaussées, les agents voyers, les professeurs des trois ordres d'enseignement, les employés des postes et téléphones, des chemins de fer, c'est-à-dire tous ceux qui « mettent simplement leur temps et leur intelligence au service de l'Etat dans des conditions identiques à celles dans lesquelles le font les employés des particuliers (2) », « tous ceux qui accomplissent des besognes purement exécutives ou techniques (3), » les gérants et intendants des services publics, comme disait M. Laferrière. A la recherche d'une définition, les juristes en ont donc trouvé deux : ce n'est plus le fonctionnaire public qu'il faut définir, mais le fonctionnaire de gestion ou le fonctionnaire d'autorité. On aurait tort de croire toutefois qu'ils ont trouvé deux clartés.

Si la distinction commence à être admise aujourd'hui, en jurisprudence (4), en doctrine et en politique, il ne

(1) Sebire et Carteret. *Nouvelle encyclopédie du droit*, I, p. 314.
(2) Fontaine et Picquenard, n° 138.
(3) Nézard. *Op. cit.*, p. 466.
(4) Fabreguettes. *Traité des délits politiques*, t. II, p. 541 (2e édition).

s'ensuit pas qu'elle ne soulève des objections : elle a été notamment contestée par un auteur éminent, M. Léon Duguit (1), surtout parce qu'elle ne reconnaît la qualité de fonctionnaires *stricto sensu* qu'aux fonctionnaires d'autorité. Il estime que la qualité de fonctionnaire ne dépend pas de la nature des actes, mais « se rapporte uniquement au caractère obligatoire pour l'État du service auquel collabore l'agent », et il signale que beaucoup de fonctionnaires font tout à la fois des actes de gestion et des actes de puissance publique, ainsi le ministre, le préfet et le maire.

On peut ajouter que, d'après les théories les plus récentes, la puissance publique ne constitue pas une partie de l'État, indépendante de la gestion ; la gestion est englobée en elle, et partant tous les fonctionnaires qui la servent. Dans ses conclusions sur l'affaire Le Berre (2), M. Teissier, commissaire du Gouvernement, définissait les actes de la puissance publique « tous les actes accomplis par l'administration en vue d'assurer d'après des moyens et suivant des règles à elle propres, le fonctionnement des services publics. » Et M. Maurice Hauriou, commentant cette définition, la trouvait exacte parce qu'elle « montre fort bien que les actes de puissance publique ordinaire se confondent le plus souvent avec les actes de gestion (3) ».

(1) *L'Etat, le Gouvernement et les agents*, p. 413 et s.
(2) *Gazette des Tribunaux*, 22 juillet 1903.
(3) Sirey 1904, 3, 122 (note).

D'ailleurs, les catégories trouvées, la difficulté est de les remplir. Quand y a-t-il gestion ? Quand y a-t-il autorité ? Si pour certains fonctionnaires la réponse est donnée avec assurance (on ne doute pas que le préfet ne soit un fonctionnaire d'autorité), il en est d'autres dont la nature est douteuse : or c'est ceux-là, qui précisément réclament le plus énergiquement des droits qu'on reconnaîtra légitimes, suivant leur subordination à l'une ou l'autre définition.

La distinction entraine un certain nombre de conséquences quant au statut de l'agent et aux prérogatives de l'État : voilà l'intérêt qui donne une valeur pratique à toutes ces querelles d'école.

Il est de doctrine, en fait unanime, que les fonctionnaires de gestion, ne doivent pas être considérés, au sens étroit du mot, comme des fonctionnaires, c'est-à-dire des agents de la puissance publique ; ils seraient unis à l'État, non par un acte unilatéral d'autorité, mais par un contrat de louage de services (1). La conséquence, on le voit, en est toute au profit de la liberté des agents (2). L'État ne devrait être considéré, dans ses rapports avec eux, que comme un patron, et à ce titre, être soumis aux règles communes sur la révocation intempestive (art. 1780 Code civil), sur les accidents du tra-

(1) Contre cette conclusion, M. Duguit, *Etudes de Droit public*, II, p. 397 et s.

(2) Nézard, *Theorie de la fonction publique*, p. 481 et 575. Barthélémy, *Op. cit.* p. 65-66.

vail (loi du 9 avril 1898 et art. 1782 et suivants du Code civil), sur la compétence judiciaire, sur la coalition et la grève. Les fonctionnaires de gestion doivent donc revendiquer toute la liberté civile et il ne peut pas être plus question pour eux d'obtenir des garanties spéciales (1) que de se voir refuser en tout ou en partie l'exercice des droits attribués à tous les citoyens ; « Méconnaître cette liberté du fonctionnaire de gestion, c'est confondre la gestion et la politique, l'administration et le Gouvernement, c'est mettre la puissance publique au service d'intérêts particuliers et ce qui est pis, au service d'un parti politique (2). »

Le projet proposé par la Commission du Travail de la Chambre sur les modifications à la loi sur les syndicats n'a fait que consacrer cette manière de voir, lorsqu'il a accordé aux agents de gestion le droit de se syndiquer. L'article 5 est ainsi conçu : « La présente loi est applicable... aux ouvriers et employés de l'État, des départements, des communes et des établissements publics, qui ne détiennent aucune portion de la puissance publique. » Et dans le rapport destiné à le justifier, M. Barthou disait : « L'État-patron doit se soumettre aux conditions et obligations légales auxquelles tous les patrons sont astreints envers ceux dont ils louent les services. »

Tout autre est le lien juridique qui unit l'État au fonctionnaire d'autorité : « S'il s'agit d'un fonctionnaire d'autorité,

(1) Par exemple les articles 222-224 du Code pénal réprimant les outrages aux fonctionnaires.

(2) Nézard. *Op. cit.*, p. 362.

sa fonction, sauf règle formelle qui y fasse obstacle, peut lui être retirée *ad nutum*, par un acte d'autorité tout pareil à celui qu'on a fait en la lui donnant (1). » C'est le plein arbitraire de l'État, en opposition avec les responsabilités de l'État-patron.

L'État n'a pu méconnaitre entièrement une distinction qui dérive des faits avec évidence. Mais tout l'effort des gouvernants a été de faire rentrer, par biais, dans la catégorie d'autorité le plus grand nombre de fonctionnaires, même ceux dont les travaux relèvent manifestement du caractère gestionnaire. Ainsi, par exemple, M. Dubief, ministre du Commerce, refusa aux agents des postes le droit de se syndiquer, en invoquant un argument de texte, vide de toute valeur pratique. Il les classa de force dans la catégorie autoritaire, sous prétexte que des décrets de 1851 et de 1905 donnent aux surveillants le droit de dresser des contraventions (2).

Ce n'était qu'un argument de façade, car ainsi que le fait remarquer M. Sembat dans son rapport de 1906 sur les postes, les deux décrets visés n'ont donné aux facteurs qu'une faculté abstraite qu'ils n'ont jamais exercée en pratique. Il faut d'ailleurs ajouter qu'il est tout à fait abusif

(1) Barthélemy, *Traité élémentaire du droit administratif*, (3e édition), p. 57, 1905.

(2) Note adressée, le 7 septembre 1905, à l'Association générale des sous-agents des Postes. Elle a été publiée dans la *Revue du droit public* (1905, n° 4, p. 859).

d'argumenter d'un droit théoriquement concédé à quelques agents pour refuser à l'ensemble du personnel postier le caractère gestionnaire (1).

Pour échapper aux conséquences de cette théorie, l'État a proposé de ne reconnaître la qualité d'agent de gestion qu'à ceux qui servent l'État industriel et non pas l'État puissance publique (2).

Dans un pareil système, des hommes qui évidemment sont des ouvriers au sens le plus étroit du mot, les ouvriers des arsenaux, par exemple, sont promus à la qualité de fonctionnaires pour des raisons qui ne sont plus tirées de la nature de leurs travaux ; l'Etat s'écarte ici du critérium posé par les auteurs les moins suspects de vouloir déranger la hiérarchie publique; car les ouvriers des arsenaux sont bien de ceux « qui accomplissent des besognes purement exécutives ou techniques ». On ne pourrait, sans abus de mot, les prétendre dépositaires de la moindre parcelle de « puissance coercitive ». Aussi bien, n'est-ce point en termes exprès qu'on leur a attribué un caractère qui doit les priver du droit commum : c'est par le détour des intérêts de la défense nationale. « Sans m'écarter de

(1) Cf. Rapport Sembat, p. 79 et s. 1905.

(2) *Le Temps*, 25 août 1905. Voir les déclarations du Président du Conseil M. Rouvier, et du ministre de la Marine (M. Thomson) à l'*Officiel* du 18 novembre 1905.

M. Barthou, dit à la tribune M. Rouvier, président du Conseil, je pense qu'il ne suffit pas d'appliquer l'interdiction du syndicat à tous les agents détenteurs d'une parcelle de la puissance publique. Il faudra aller plus loin, car il y a telle catégorie d'agents qui, bien que ne détenant aucune partie de la puissance publique, ne saurait, cependant, avoir la faculté de se former en syndicats » (1). Et, commentant ces paroles, M. Paul Leroy-Beaulieu demandait que n'eussent pas le droit au syndicat les employés des services qui ne sont que « sous le contrôle de l'État, en vue de sauvegarder l'intérêt public et l'intérêt national, qui sont directement engagés (2). »

Arrivée à ce point, la doctrine de l'Etat ne cherche même plus à conserver une certaine logique; cela lui serait d'ailleurs difficile : alors qu'au fond, les ministres ne pensent qu'à maintenir la prérogative de la puissance publique, c'est à un argument de droit privé qu'ils recourent pour l'étayer, faute d'un argument régalien. « Quand un tel événement (grève) se produit dans une des industries privées, dit M. Rouvier, le chef de cette industrie a la faculté de remplacer les ouvriers grévistes par d'autres ouvriers qu'il peut recruter librement (2) ». Voilà le seul argument trouvé par le Gouvernement, parlant d'autorité, pour refuser le droit de grève aux ouvriers des arsenaux : un argument contesté tiré du louage d'ouvrage.

(1) *Journal Officiel* du 18 novembre, p. 3348.
(2) *L'Economiste français*, n° du 11 novembre 1905.

Avec une certaine apparence, si l'on n'y prenait garde, la distinction proposée par le ministère Rouvier pourrait paraître n'être qu'une variante de celle adoptée par la doctrine et sanctionnée par une nombreuse jurisprudence, enfin adoptée par la Commission du Travail de la Chambre. En réalité, c'est un tout autre système. Quoique le contraste entre le droit privé et le droit public soit conservé par elle à l'intérieur de l'État, l'agent n'est plus caractérisé par sa besogne, mais par le service qui l'emploie ; voilà la grande différence : ainsi un rédacteur de ministère qui, sans aucun doute possible, ne détient aucune parcelle de cette autorité publique, prévue par le projet de loi de la Chambre, serait rangé dans la catégorie des agents d'autorité, puisqu'il sert l'Etat-puissance publique.

Au surplus, il n'est pas sans intérêt de faire observer à ceux qui pourraient être séduits par la fermeté de cette distinction, qu'un service d'Etat n'est jamais pur de toute puissance publique : l'État n'est, en effet, jamais un simple industriel de droit privé, lorsqu'il gère des exploitations que pourraient gérer de simples particuliers, par exemple, la fabrication des tabacs et des allumettes, l'exploitation des téléphones. Les bénéfices qu'il en retire sont consacrés aux besoins généraux de sa puissance publique. Quelle réponse faire à un ministre des Finances qui, pressé par des difficultés budgétaires, viendrait prétendre que soumettre ces exploitations à toutes les règles du droit privé contrarierait l'alimentation pécuniaire et partant le fonctionnement de la puissance publique ?

Dès qu'on analyse cette théorie gouvernementale, il est bien évident qu'elle s'inspire moins d'arguments de science et de méthode que du souci de maintenir dans une étroite dépendance et sous un régime d'arbitraire le plus grand nombre possible de ceux qui émargent au budget. Au fond, l'Etat répugne à la distinction de la doctrine et du Parlement entre la gestion et l'autorité ; c'est une distinction trop profitable à la liberté pour ne pas inquiéter son arbitraire. « Tout gouvernement hésite à se dessaisir des moyens de coercition énergiques qu'il a contre les fonctionnaires. Il tient, en effet, le plus possible à les avoir dans sa main pour trouver en eux des instruments dociles de sa politique. Cette tendance se retrouve tellement dans tous les gouvernements qu'aujourd'hui c'est presque banal que de s'en indigner (1). »

Les distinctions et les définitions proposées, l'Etat a donc tendance à les rejeter, émettant la prétention de soumettre à un même statut tous les citoyens qui assurent la marche des services publics. Après avoir contesté le droit de se syndiquer à des citoyens qui, assurément, accomplissaient une véritable besogne d'ouvrier (chemin de fer), aujourd'hui il le conteste à des citoyens qui accomplissent des fonctions qui ne touchent pas davantage à la puissance publique, indépendants de l'*impérium* et de la *jurisdictio* : les postiers, les instituteurs et les employés de ministère.

(1) R. Bonnard. *De la répression disciplinaire* (1903), p. 12.

Mais ces fonctionnaires qu'il veut attacher à sa puissance publique, il ne tient cependant pas tous également à discrétion : il en est parmi eux qui peuvent invoquer des garanties contre lui, tirées des lois et des règlements. On dit de ces privilégiés qu'ils ont un « état ». Le professeur Hauriou en a donné la définition suivante :

« Les fonctionnaires ont un état lorsqu'ils peuvent opposer un droit, soit au pouvoir disciplinaire, soit au pouvoir hiérarchique de l'administration ; leur état, c'est leur droit individuel spécial ; le droit du fonctionnaire existe lorsque la mesure modifiant sa situation ne peut être prise que par une juridiction, ou tout au moins sur l'avis conforme d'une commission ou d'un conseil, qui s'interpose entre son chef hiérarchique et lui (1). »

Les fonctionnaires trouvent dans ce statut une garantie spéciale d'autant plus nécessaire que l'Etat prétend s'affranchir, dans ses rapports avec eux, des règles de bonne foi et de responsabilité qui restreignent la liberté des particuliers, et rester seul juge du renvoi, de la nomination et de l'avancement. L'autorité commande, elle ne discute pas, héritage d'un temps où les fonctionnaires, « gens du roi », ne dépendaient que du seul caprice et bon plaisir souverains. Toutefois, si le principe du droit de l'Etat est resté dans la plus grande mesure régalien, le temps y a apporté quelques appréciables limitations : ce sont les diverses règles qui constituent un état, et les autres règles analogues.

(1) *Précis de droit administratif* (Paris, 1900, 4e édition), p. 586.

Nous pouvons donc dire aujourd'hui qu'au citoyen qui ne reconnaît plus l'autorité personnelle d'un monarque correspond le fonctionnaire public, comme au sujet correspondaient naguère les officiers du roi, que l'honorabilité de leur charge n'empêchait pas d'être « gens du roi ». Au rapport personnel qui unissait le roi à ces officiers, commence à se substituer, très imparfaitement encore, le rapport impersonnel établi par les lois chargées d'assurer les règles de la fonction au service de la nation ; le fonctionnaire citoyen commence à discuter et à se rebeller contre l'arbitraire du souverain.

Nous assistons ainsi depuis quelques années à un conflit chaque jour plus aigu entre les dépositaires de l'autorité publique, le Gouvernement, la « suprême administration », pour parler comme Rousseau, et les quelques centaines de mille d'agents qui, dépendant de cette administration par la nomination, le salaire, l'avancement, la retraite, la discipline, demandent plus de liberté sous une garantie légale. Mais combien les garanties sont, en fait, peu protectrices.

Les garanties sont relatives à la nomination, aux déplacements, suspensions, mises à la retraite, révocations, avancements ; c'est une vaste matière qu'il ne saurait être question d'étudier administration par administration : il suffira d'en indiquer les principes généraux et les sanctions juridictionnelles pour en comprendre la valeur.

Ces garanties ne sont pas uniformes pour tous les fonctionnaires : il n'y a pas, comme en Allemagne (loi du 31 mars 1873), de loi qui ait réglé d'ensemble leur capacité, droits et obligations. Parmi eux, il n'y a qu'une minorité qui les aient obtenues, efficaces, sérieuses, complètes : les ingénieurs des ponts et chaussées, des mines, les officiers, les professeurs de l'Université. C'est d'eux seuls que l'on peut dire, au sens étroit et précis du mot, qu'ils ont un état.

Les ingénieurs ne peuvent être révoqués qu'après avis du Conseil général des Ponts ; les magistrats ne peuvent être déplacés, même pour un poste équivalent, que sur l'avis conforme de la Cour de cassation, siégeant comme conseil supérieur de la magistrature (loi du 30 août 1883) ; les professeurs de l'enseignement supérieur ne peuvent être appelés à une chaire inférieure que sur l'avis conforme du Conseil supérieur de l'Instruction publique (loi du 27 février 1880), les officiers ne peuvent perdre leur grade que sur l'avis conforme d'un conseil d'enquête.

Tous ces fonctionnaires ont donc des droits, une sorte de droits que l'on a appelés subjectifs ; ils peuvent les faire valoir contre l'Etat, quand il les viole, au moyen d'un recours devant le Conseil d'Etat ; c'est le recours pour excès de pouvoir, qui a pour but de faire annuler la décision administrative dont ils ont à se plaindre.

Les fonctionnaires qui n'appartiennent pas à l'un de ces groupes n'ont que des garanties d'ordre subalterne ; leur situation reste, en principe, tout entière à la disposition des supérieurs hiérarchiques, du ministre, des recommandations parlementaires. Mais ces droits hiérarchiques ont été nécessairement l'objet d'une certaine réglementatian ; le pouvoir a été contraint de se soumettre à une certaine méthode, de formuler des règles applicables aux divers moments de son activité : ces règles constituent une sorte de statut, sans grande force, mais suffisamment précis cependant pour permettre à ces groupes de fonctionnaires moins privilégiés d'user, eux aussi, du recours pour excès de pouvoir contre le ministre qui l'aurait méconnu.

En exécution de l'article 16 de la loi de finances de 1882 (1), les administrations centrales sont soumises à un ensemble de règles déterminées par des décrets rendus dans la forme des règlements d'administration publique, règles plus ou moins amendées par des circulaires et des arrêtés ministériels. Ces décrets déterminent les formes des rapports entre les fonctionnaires et le ministre, unis par les rapports hiérarchiques ; c'est eux qui décident des conditions d'entrée ou d'avancement, qui instituent le régime disciplinaire intérieur, fixent la quotité des traitements.

Ces décrets, on concevra qu'ils soient inefficaces dans la plus grande mesure, si l'on songe que c'est le Ministre qui les a rédigés, seul rédigé, le Conseil d'Etat n'intervenant que nominalement, *honoris causa*. Le ministre décide donc lui-

(1) « Avant le 1er janvier 1884, l'organisation centrale de chaque ministère sera réglé par un décret rendu dans la forme des règlements d'administration publique et inséré au *Journal Officiel*. Aucune modification ne pourra y être apporté que dans la même forme et avec la même publicité. »

même quels droits il abandonne, quelles formes il juge nécessaires : il n'est aidé dans ces décisions par aucune délibération, soit des intéressés, soit de corps élus, soit de corps judiciaires ou techniques. Ces décrets, destinés à limiter l'arbitraire, leur élaboration a été abandonnée au pouvoir accusé d'être arbitraire : comment raisonnablement exiger de lui des sacrifices qui limitent utilement son pouvoir d'initiative?

Ces décrets sont très variables, quant à la fixation du traitement, sans que l'on puisse trouver de bonnes raisons pour légitimer des différences entre les employés des divers ministères, astreints à des travaux de même nature, pendant une même durée de temps, recrutés dans les mêmes conditions de capacité; quant au temps nécessaire pour avancer d'une classe inférieure à une classe supérieure, quant aux titres et aux prérogatives, Les critiques que formulait M. Ribot, en 1883, contre cette organisation réglementaire sont encore valable aujourd'hui :

« Nous avons été frappés, en examinant les budgets des ministères, de la mobilité qui existe dans les cadres des administrations centrales. Il dépend d'un ministre qui arrive de changer par un simple décret l'organisation des services... Il serait temps de mettre fin à ces abus. Les administrations centrales doivent, comme tous les services dépendant des ministères, être organisées d'une manière permanente. Les conditions d'admission des employés de ces administrations, leur traitement, leur avancement, leurs obligations et la durée de leur travail quotidien devraient être l'objet de règlements étudiés avec soin et rédigés sur un plan uniforme pour tous les ministères (1). »

Si l'on va au fond des choses, on voit que ces règlements n'assurent pas aux fonctionnaires de véritables droits : ils soumettent à des conditions de forme les décisions ministérielles relatives au personnel, mais non à des conditions de fond. Il est, par exemple, spécifié que les rédacteurs peuvent être promus à une classe supérieure, après 2, 3, 4 ans d'ancienneté ; mais ces délais n'engagent nullement le ministre, qui reste libre de ses choix. Le fonctionnaire n'a aucun recours contre l'omission de son nom sur la liste des promotions ; il n'a même pas la liberté de demander des explications, l'acte d'omission rentrant dans la catégorie des actes discrétionnaires.

Ces décrets renferment des règles de ce genre : elles en donnent l'esprit :

« Le Directeur général (des douanes) révoque, destitue et met à la retraite les employés dont la nomination lui est attribuée. Il peut suspendre les autres employés, sauf à rendre compte au ministre qui statue.... » (2).

« Les agents et préposés (des forêts) ne pourront être destitués que par l'autorité même à qui appartient le droit de les nommer (3). »

(1) Rapport général du Budget de 1883.
(2) Ord. 30 janvier 22.
(3) Ord. 1er août 27.

Ces règlements instituent un régime disciplinaire: est-ce une garantie contre l'arbitraire? La faute disciplinaire n'y est pas définie *in abstracto*: il n'y a pas davantage énumération des faits qui peuvent constituer les fonctionnaires en faute, ni dénumération des peines. A leur égard n'est donc pas appliqué le principe, considéré comme indispensable à la liberté des citoyens : *nulla pœna sine lege*. Or si certaines circonstances ne permettent pas de douter de la culpabilité du fonctionnaire, dans la plupart des cas, les incriminations ne permettent pas le jugement intuitif du bon sens.

Quelques textes, il est vrai, essaient de définir la faute; mais ces textes sont d'abord imprécis, ensuite peu nombreux; et enfin, applicables à deux ou trois groupes de fonctionnaires seulement. Ainsi la loi du 29 avril 1810, sur l'organisation judiciaire considère comme en faute: « tout juge qui compromet la dignité de son caractère » (art. 40), « les officiers du ministère public dont la conduite est répréhensible... toutes les fois qu'ils s'écartent du devoir de leur état et qu'ils en compromettent l'honneur, la délicatesse et la dignité» (art. 60 et 61). L'article 111 du décret du 19 mars 1852, sur la mise à la retraite et la discipline des membres de la Cour des comptes, décide que peuvent être frappés de peines disciplinaires « ceux de ses membres qui auraient manqué aux devoirs de leur état ou compromis la dignité de leur caractère.» L'article 12 de la loi du 19 mai 1834, sur l'état des officiers, énumère limitativement les causes de mise en réforme, par mesure disciplinaire : « inconduite habituelle, faute grave dans le service ou contre la discipline, faute contre l'honneur. » L'ordonnance du 4 janvier 1843 énumère les cas où les notaires peuvent être frappés par mesure disciplinaire ; un autre décret en date du 1er août 1827, vise les agents préposés des Eaux et Forêts. M. Roger-Bonnard, qui a étudié cette matière avec une intelligente érudition, termine l'énumération de ces textes par cette réflexion : « Il reste beaucoup à faire sur ce point pour diminuer la part d'arbitraire, vraiment trop grande qu'il y a dans l'appréciation des faits punissables disciplinairement (1). »

La peine disciplinaire ayant pour but de priver de la fonction ou des prérogatives et avantages qui y sont attachés, on conçoit combien il serait nécessaire de rechercher une précision de droit pénal, une précision qui aurait pour effet de lui donner un caractère juridictionnel : aucun fonctionnaire ne devrait être incriminé sans texte précis, aucun fonctionnaire ne devrait être frappé sans avoir été entendu. Principes élémentaires de justice qui ne paraissent avoir rien de subversif.

(1) *De la répression disciplinaire des fautes commises par les fonctionnaires publics*. Bordeaux, *Thèse* 1903. — En voici une preuve à l'égard des officiers, qui ont un état : le gouvernement peut les frapper malgré leur état. Trois officiers poursuivis « pour avoir, le 26 février 1906, à Saint-Servan, refusé de faire agir la force sous leurs ordres, après en avoir été légalement requis par l'autorité civile, » furent condamnés l'un à un mois et les deux autres à un jour de prison, avec sursis. Le ministre de la guerre, jugeant ces peines insuffisantes, les mis tous trois en disponibilité par retrait d'emploi et, de plus, mit à la retraite d'office l'un d'entre eux qui avait le temps nécessaire d'ancienneté.

L'incertitude de statut administratif permet à la répression disciplinaire de jouer très librement. Le supérieur hiérarchique peut retarder l'avancement d'un fonctionnaire inférieur : ce dernier va ainsi se trouver frappé d'une véritable peine occulte, inavouée : le fonctionnaire n'avance pas, sans qu'aucune incrimination de ses chefs l'ait mis en mesure de connaître leurs griefs et de les discuter. Dans les services que ne protègent ni lois ni décrets sur l'avancement, le retard dans l'avancement et le déplacement d'office font normalement fonction de peine : c'est la condamnation qui ne permet aucune réclamation. Le fonctionnaire est révoqué, déplacé, changé : le mécontentement du supérieur hiérarchique peut avoir eu des raisons professionnelles ou des raisons d'ordre politique. Les motifs véritables écchappent expressément, même s'ils sont devinés : le fonctionnaire a pour devoir de s'incliner devant une décision qui n'est officiellement légitimée que par des nécessités de service.

Au cours de la discussion du budget des Postes de 1905, M. F. de Pressensé demanda au sous-secrétaire d'Etat, M. Bérard, de réorganiser les conseils de discipline de son administration. M. Sembat demanda à l'administration le compte qu'elle comptait tenir des justes critiques de son collègue. Elle fit une longue réponse, dont il n'y a lieu de retenir que cette observation, faite relativement à la création de conseils de discipline régionaux : « Les conseils régionaux seraient d'ailleurs comme le conseil actuel, de simples chambres consultatives dont les avis motivés permettraient au chef de l'administration de prendre une décision définitive.

« Il ne peut, en effet, être question d'enlever au ministre ou au sous-secrétaire d'Etat le droit de modifier les conclusions disciplinaires qui leur sont soumises.

« C'est un droit dont ils usent très rarement, mais qui n'en est pas moins incontestablement nécessaire.

« Le chef de l'administration, seul responsable de sa gestion devant le Parlement et devant le pays, ne saurait abandonner une prérogative lui permettant de sanctionner en dernier ressort des fautes qui, par la nature des fonctions confiées au personnel des postes et télégraphes, peuvent toucher à l'ordre public et aux intérêts des contribuables. »

A cette réponse, on peut juger quelle garantie présentent, en fait, la plupart des conseils de discipline qui existent dans les services dont les fonctionnaires n'ont pas un état. C'est le système de la discipline retenue. M. Sembat a jugé ces prétentions discrétionnaires avec beaucoup de bon sens :

« C'est dégrader le conseil de discipline que de le voir éternellement réduit au rôle de « simple chambre consultative. » La prérogative de M. le sous-secrétaire d'Etat n'est pas ici en jeu. Si le chef de l'administration est seul responsable de sa gestion devant le Parlement, il ne lui est pas interdit d'organiser l'administration qu'il dirige selon les exigences de la justice. Or, les règles de la justice exigent que toute apparence de caprice, d'arbitraire personnel et de bon plaisir soit bannie. Quand le conseil de discipline a prononcé, nul ne contestera à M. le sous-secrétaire d'Etat le droit de modifier la peine dans le sens de la clémence. » (1)

Les professeurs de l'enseignement supérieur et de l'enseignement secondaire, les magistrats, les officiers jouissent de véritables garanties qui sont juridictionnelles : ce n'est plus le supérieur hiérarchique qui frappe, mais un conseil, qui a délibéré, qui a été saisi de faits précis, qui a écouté l'inculpé dans ses moyens de défense ; le conseil supérieur de l'Instruction publique, le conseil académique, le conseil des Universités, le conseil d'enquête rendent de véritables décisions juridictionnelles.

Faut-il espérer que le système de discipline occulte sera amendé par l'article 65 de la loi de finances du 22 avril 1905 : « Tous les fonctionnaires, civils ou militaires, tous les employés et ouvriers de toutes administrations publiques ont droit à la communication personnelle et confidentielle de toutes les notes, feuilles signalétiques et tous autres documents composant leur dossier, soit avant d'être l'objet d'une mesure disciplinaire, ou d'un déplacement d'office, soit avant d'être retardés dans leur avancement à l'ancienneté. » (2)

On peut se demander si cette communication doit être faite d'office par l'administration, dès qu'elle veut prendre une mesure à l'encontre d'un fonctionnaire : le sens de l'ar-

(1) Rapport des postes et télégraphes pour 1906, p. 48 et s.

(2) Voir la discussion de cet article. *Journal officiel* du 9 mars 1905. L'article voté par la Chambre fut modifié au Sénat, qui d'abord prétendit le rejeter.

ticle n'est pas très clair, mais clair ou non, c'est la seule interprétation qui serait efficace. Interprétation à laquelle s'arrête le professeur Jèze, qui en tire les conséquences suivantes: « Le conseil d'Etat trouvera dans les règles de l'article 65 de la loi du 22 avril 1905 une prise très forte pour exercer le contrôle qu'il a assumé dans ces dernières années. La théorie du recours pour excès de pouvoir permet, en effet, de donner à l'article 65 ainsi interprété une double sanction : 1° Est entachée d'excès de pouvoir (violation des formes légales) la décision disciplinaire qui n'aura pas été précédée de la communication personnelle à l'intéressé de tout son dossier; 2° Le Conseil d'Etat trouvera plus facilement qu'autrefois la preuve des détournement de pouvoir dont, trop souvent, sont viciées les mesures atteignant les fonctionnaires. L'obligation de communiquer personnellement à un fonctionnaire toutes les notes, feuilles signalétiques et tous autres documents composant leur dossier équivaut, en effet, à l'obligation non seulement de motiver toutes les décisions disciplinaires, mais encore de donner les motifs véritables. Dans la mesure où ces motifs peuvent être appréciés en droit, le Conseil d'Etat aura compétence pour exercer son contrôle bienfaisant (1). »

L'indétermination du statut est mauvaise pour le service: le ministre est d'autant plus soumis aux interventions extérieures qu'il est plus libre au point de vue réglemen-

(1) G. Jèze, professeur de droit public à l'Université de Lille. *Revue du droit public*, 1905, n° 2, p. 362.

taire. Ce n'est plus l'administration se développant normalement, sous la pression des besoins généraux qu'elle est chargée de satisfaire : l'action électorale est bien le moteur de la hiérarchie. Sans état, les fonctionnaires sont nécessairement des agents politiques, des citoyens aux ordres du parti au pouvoir : ce n'est pas là une bonne manière de leur permettre de servir ce que les orateurs du Parlement appellent l'intérêt général.

Il est entendu que l'Etat est le gardien de l'intérêt général : si les citoyens l'oubliaient il n'oublierait, pas de le leur rappeler. Mais cette fiction doit être entendue raisonnablement : l'Etat n'est pas omniscient ; ses chefs sont des hommes, qui ne sont ni plus parfaits, ni moins parfaits que tous les industriels et commerçants ; le fait de s'asseoir à la table de Colbert ou de Daguesseau ne leur confère pas de lumières particulières ; ils ont, cela est évidant, les lumières communes : ce qui est évidemment peu pour justifier leur irresponsabilité.

Jusqu'où va la dépendance politique des fonctionnaires, protégée par toutes les forces de la hiérarchie ?

Tous les partis au pouvoir sont d'accord pour refuser aux fonctionnaires la liberté d'opinion. La chartre de 1830 et la constitution impériale exigeaient le serment politique au moment de l'entrée en charge ; l'Empire l'exigea même des députés, ce qui nous valut les célèbres « démocrates assermentés ». « Aucun gouvernement, a-t-on dit, ne peut admettre pour intermédiaires entre les citoyens et lui, des hommes qui le nient. La sûreté de l'Etat y est attachée aussi bien que l'honneur des individus (1). »

Le serment a été aboli par un décret de la Défense nationale, en date du 5 septembre 1871 ; il subsiste cependant dans tout le système de l'Etat, mais occultement, par la surveillance constante exercée sur les fonctionnaires par les soins des préfets, organes du pouvoir central, par des délégués officieux (ces délégués, gendarmes et procureurs bénévoles, qu'on a injustement flétris du nom de délateurs, comme s'ils étaient en dehors du système) dans les petites villes ou les communes sans importance, surtout par le député et son comité électoral.

On ne discute que sur l'étendue de l'obligation du fonctionnaire, car on est d'accord sur le fond. Et on se demande : doit-il suivre les fluctuations politiqnes et agrandir le blanc ou le rouge de sa cocarde, suivant le ministère du jour ? Le maréchal est mort ! Vivent les 363 ! Ou doit-on se contenter, plus modestement, d'exiger de lui une adhésion générale à la forme du gouvernement, sans tenir compte des renouvellements ministériels : le fonctionnaire serait libre d'adhérer à toutes les nuances du parti républicain, mais défense d'être bonapartiste, monarchiste, socialiste révolutionnaire.

La loi de ce loyalisme, M. Lelièvre la formulait dans la

(1) Vivien. *Op. cit.*, p. 147.

circulaire suivante, en date du 30 octobre 1881 : « Faillir à cette loi (respect du gouvernement), provoquer ou encourager l'opposition à ce gouvernement au nom duquel ils exercent l'autorité, serait plus qu'un acte d'indiscipline. Une telle conduite constituerait une atteinte profonde aux règles de la droiture la plus vulgaire. Elle justifierait par cela même une répression immédiate et sévère. »

Il y a une distinction préliminaire à faire entre les fonctionnaires techniques, tels que les ingénieurs ou les professeurs et les fonctionnaires politiques. Il est unanimement admis que ceux-ci ne doivent prétendre à aucune liberté d'opinion, révocables *ad nutum*. Les préfets sont les fonctionnaires politiques par excellence. La question de l'indépendance ne se pose donc, en fait, que pour les fonctionnaires techniques.

« Les fonctionnaires, disait M. Rivet, sénateur radical, à la tribune du Conseil général de l'Isère, les fonctionnaires sont des hommes qui ont volontairement, délibérément, consenti à aliéner une partie de leur liberté. Ils sont tenus, dans leurs paroles comme dans leurs actes, à une certaine réserve vis-à-vis du gouvernement, qu'ils ont sollicité l'honneur de servir. Ils ont toujours un moyen d'exprimer leur opinion : le bulletin de vote. » (1)

Voilà en quelques mots tout le statut politique du fonctionnaire. C'est un citoyen diminué, un citoyen de seconde classe, à qui il est interdit de prendre une part active à la

(1) *Le Temps*, numéro du 24 août 1905.

vie publique du pays ; il peut voter, voilà toute sa liberté. Il faut remarquer les mots employés par ce politicien que sa campagne en faveur de la liberté du mariage rendit jadis célèbre aux côtés de Dumas fils : aliéné une partie de sa liberté. Ces mots ont été dits avec sérénité, cela est certain : pas le moindre doute qui les corrige ; c'est la pensée courante, c'est même, à vrai dire, la doctrine dite libérale, comme c'est la doctrine jacobine. Si quelque chose révolte les libéraux, c'est la prétention des fonctionnaires à la loi commune à tous les citoyens ; si l'on en doute, il suffit de se reporter à la campagne du *Temps* et de l'*Economiste français* contre les associations et syndicats de fonctionnaires. Servirait-il de rappeler à quelques-uns de ces publicistes cette pensée de Rousseau, le maître des jacobins : « Renoncer à sa liberté, c'est renoncer à sa qualité d'homme » (1).

En fait, c'est un rapport de puissanse qui unit le fonctionnaire à l'Etat, comme un rapport de puissance unit l'enfant et la femme au père et au mari. L'Etat commande, le fonctionnaire obéit. Mais réduite à ces termes brefs, la doctrine paraît trop critiquable : aussi-t-on essayé de la pénétrer de liberté; vains efforts ; elle reste autoritaire.

On a dit : « Le fonctionnaire se retire librement et de son plein gré ; s'il se retire avant une certaine époque, la loi spécifie expressément qu'il perd ses droits à la pension, laquelle devient ici une sorte de clause pénale. C'est recon-

(1) *Contrat social*, l. IV.
(2) Kammerer. *Op. cit.*, p. 102 et s.

naître implicitement qu'il est libre de se retirer. » (2) Voilà donc pourquoi il faudrait repousser un lien de dépendance aussi étroit entre l'Etat et le fonctionnaire.

Mais la faculté de se retirer n'implique pas la liberté du fonctionnaire pendant la durée de ses fonctions ; or, c'est cela qu'il faut considérer. Il est soumis pendant toute cette durée, sinon toujours au loyalisme exprès et combatif, du moins à la neutralité politique ; il est obligé de remplir certains actes ou de s'en abstenir (actes religieux, notamment, suivant les régimes) ; ses relations sont surveillées ; il ne peut adhérer au cercle qui lui plaît ; sa conduite est à la censure discrétionnaire de ses supérieurs hiérarchiques ; dans la plupart des administrations, il peut être déplacé d'office ; dans quelques-unes, révocable *ad nutum* ; son avancement, dans la plupart des administrations, est abandonnée à la libre opinion du ministre. Qui peut douter que le fonctionnaire ne soit véritablement dans la dépendance du pouvoir, non point dans la dépendance d'un pouvoir impersonnel, mais dans la dépendance de tel parti, de tels politiciens qui, en fait, représentent pour lui l'Etat. Voilà la « personne dominante », qui donne aux rapports entre l'Etat et les fonctionnaires leur caractère de puissance publique, de suzeraineté, comme dit l'illustre Laband.

M. Paul Leroy-Beaulieu a écrit quelques bonnes considérations sur ce sujet. « L'Etat a la prétention que l'homme qui remplit un de ses emplois lui appartienne tout entier ; ce n'est pas seulement son travail professionnel qu'il veut, c'est son concours en toutes circonstances; il exige du fonctionnaire une conformité générale de manière de voir sur tous les sujets avec celle que l'Etat professe dans le moment ; à peine consent-il à lui laisser sa liberté d'appréciation dans les questions de belles-lettres ou de beaux-arts ; mais il empiète sur ses opinions en matière religieuse, de philosophie ou d'éducation. Dans les grands centres, les fonctionnaires, cachés dans la foule, peuvent échapper à ce joug ; ils y sont rivés dans les petites villes ou dans les campagnes ». Et à titre d'exemple, le célèbre économiste reproduit cette circulaire d'un ministre de l'agriculture, « écrite, dit-il, comme par Louis XIV » :

« Monsieur,

« Les fonctionnaires des diverses administrations qui dépendent du ministre de l'Agriculture n'ignorent pas qu'ils ne doivent négliger aucune occasion de témoigner de leur *dévouement absolu* à la République.

« Je compte qu'ils participeront largement à toutes les manifestations qui auront pour but de donner le plus grand éclat à la fête nationale du 14 juillet, et je vous prie de porter cette lettre à leur connaissance.

« Agréez.....

« *Le Ministre de l'Agriculture,*

« VIETTE. (1) »

(1) Paul Leroy-Beaulieu. *L'Etat moderne et ses fonctions* (3e éd., 1900, Guillaumin), p. 81 et note.

« Quant au devoir de fidélité, ajoute M. Kammerer, dû par le fonctionnaire à l'Etat, et qui, selon Laband, est une des preuves du rapport de puissance, il nous semble qu'il n'est pas spécial au fonctionnaire et qu'il est simplement un rappel au devoir général de tous les sujets, au même titre que l'article 371 du Code civil français, en vertu duquel « l'enfant à tout âge doit honneur et respect à ses parents », indique une simple obligation morale, sans sanction légale et, par suite, sans grande portée. Tout employé doit fidélité à son patron, quand il lui a loué ses services. »

M. Kammerer base son opinion sur deux arguments de nature très différente. L'enfant, dit-il, est soumis à la puissance paternelle ; il est tenu à l'obéissance ; sa liberté n'a pas à intervenir ; légalement, il n'a donc pas de liberté ; pour tout dire, c'est un mineur : s'il y a analogie entre le mineur et le fonctionnaire, ne doit-on pas conclure, au rebours de l'auteur, qu'un rapport de puissance unit le fonctionnaire à l'Etat ? « Obéir, écrit Vivien, est plus spécialement le devoir du fonctionnaire (1). »

Quant à la fidélité de l'employé privé, elle n'est nullement de même nature que celle exigée de l'employé public ; il ne s'agit, pour le premier, que d'une fidélité commerciale, d'une probité technique ; pour le second, il s'agit, en outre, de son loyalisme, de sa fidélité religieuse et politique, de sa tenue en dehors des bureaux, de ses amitiés. Si quelques patrons,

(1) *Etudes administratives*, p. 138.

comme au Creusot, réclament un droit de surveillance politique sur leurs ouvriers, il faut reconnaître que ce n'est qu'une prétention à laquelle ou n'a pas donné un caractère légal ; il paraît même reconnu théoriquement que les ouvriers doivent jouir de l'entière liberté politique et religieuse au regard de leurs employeurs.

Toute la pratique proteste contre l'opinion de M. Kammerer : c'est constamment à l'obéissance que le Gouvernement fait appel, au nom de l'intérêt général. C'est des hommes obéissants qu'il cherche ; ses intentions, il les a exprimées en toutes circonstances à la tribune ; il les montre avec netteté en soumettant les candidats aux fonctions publiques à des enquêtes policières sur leurs opinions et antécédents politiques. « Tout homme qui sollicite une part de la puissance publique aliène une part de sa liberté ; c'est en ce sens qu'il contracte des devoirs spéciaux. »(1) C'est précisément ce rapport de puissance publique, cette lourde tutelle de l'Etat qui donne son sens au mouvement des associations de fonctionnaires : si cette dépendance n'existait pas, les fonctionnaires ne se coaliseraient pas contre elle. S'ils réclament la liberté, c'est qu'ils ne l'ont pas : voilà ce qui est, et il faut ajouter : voilà qui est visible.

Faut-il, au surplus, ajouter que le fonctionnaire n'a pas la liberté de donner sa démission, comme on l'écrit couramment : celle-ci n'est valable que si le gouvernement l'a acceptée ; elle est donc subordonnée à son autorité. Quelque-

(1) *Le Temps*, nº du 1er sept. 1905.

fois le gouvernement la considère même comme séditieuse, la rejette et la remplace par la révocation. C'est ce qui arriva notamment à un certain nombre d'agents des domaines qui refusèrent de participer aux inventaires d'églises, faits conformément à la loi de séparation (1906).

Il en est du reste en France comme en Allemagne, où le « gouvernement semble vouloir se servir du serment pour empêcher les fonctionnaires de prendre part aux mouvements politiques. C'est ainsi que lors de la discussion en troisième lecture du budget de 1898, au Reichstag, le secrétaire d'Etat von Podbielski a déclaré « qu'il considérait toute participation directe ou indirecte prise par un fonctionnaire aux agitations de la démocratie socialiste, comme inconciliable avec le serment prêté et qu'il poursuivrait en conséquence tout fonctionnaire qui se serait rendu coupable d'un acte de ce genre. » Le gouvernement allemand considére ainsi qu'un fonctionnaire compromet sa dignité en se mêlant à des agitations électorales : celui-ci a cependant en entier ses droits politiques et reste libre de voter à son gré, sans que sa fonction l'oblige à voter pour les candidats du gouvernement, mais il ne doit pas aller plus loin. « Déjà sa qualité de *serviteur de l'Etat* et son devoir d'obéissance lui interdisent de faire échec ouvertement à l'autorité publique (1). »

Pourquoi le fonctionnaire devrait-il être moins libre que

(1) Kammerer, *Op. cit.*, p. 188, note 3 et p. 220.

les autres citoyens ? Les publicistes les plus libéraux se contentent de réclamer l'indifférence du fonctionnaire, comme le seul moyen d'assurer l'impartialité de l'Etat dont les services doivent être véritablement la chose commune à tous les Français, tous également contribuables, car, qu'il s'agite pour ou contre le ministère, le fonctionnaire apporte du trouble dans l'administration, dans un cas, au profit de ses amis, dans l'autre, au détriment de ses adversaires.

En ne s'en tenant qu'au motif le plus généralement mis en avant, il faudrait donc demander au fonctionnaire de s'occuper objectivement de son service, en ne considérant que l'utilité générale, sans préoccupations ministérielles, voire même sans préoccupations constitutionnelles ; et pour y arriver, il est évident qu'il devrait s'abstenir de toute action politique au dehors des bureaux, même de toute préférence intime, car on conçoit qu'il ne suffit pas de s'asseoir sur une chaise fournie par l'Etat pour cesser, *ipso facto*, tout à coup, d'être radical ou anarchiste. La politique du fonctionnaire, ce serait de bien remplir ses fonctions.

Le fonctionnaire a des opinions ; on ne peut l'empêcher d'avoir des opinions ; il participe, volontairement ou non, à la vie générale du pays ; c'est un citoyen qui, s'il ne vote pas, du moins peut juger, a des préférences : la thèse de l'indifférence se heurte en fait à une impossibilité qui résulte des lois mêmes de la vie. Le fonctionnaire, comme tous ses semblables, appartient à un parti, ne peut pas ne pas appartenir à un parti et, ce parti, il le soutient, même par son abstention. Il en est ainsi, par exemple, pour tous ces employés qui croient n'être que des indifférents en refusant d'adhérer aux associations créées par leurs camarades : or qui doute que ces indifférents, en rendant plus difficile la tâche des fonctionnaires associés en vue de leur émancipation, ne prêtent leur concours à des gouvernants plus soucieux de leur autorité que de la liberté, ennemis même de cette liberté politique si pleine encore, elle aussi, comme leur autorité, d'éléments monarchistes ?

Sans vouloir entamer ici une discussion d'ordre psychologique, il faut dire qu'il n'est pas possible de séparer l'homme privé de l'homme public, pour la raison que l'esprit soumis à un rigoureux déterminisme reste identique à lui-même, tant qu'il est soumis aux mêmes conditions économiques. Or le fonctionnaire public a ses opinions tout autant en raison de son milieu familial que de son milieu administratif : par conséquent les opinions de l'homme privé et celles de l'employé de l'Etat sont liées et s'appellent pour se mettre à l'unisson les unes des autres. La vie ignore le scepticisme et l'indifférence.

Si le fonctionnaire ne peut s'abstraire des conditions politiques du pays, il fait donc, obligatoirement, partie d'un groupe quelconque : voilà la pierre d'achoppement où se heurte l'impartialité de l'Etat. La neutralité de l'administration est chimérique.

C'est là, dans cette nécessité de partialité, que les partisans du loyalisme ministériel pourraient et devraient trouver leur meilleur argument : des deux maux, le moindre est encore que l'administration soit combattive dans le sens du gouvernement, représentant légal de la majorité, sinon combattive, du moins surveillante attentive des intérêts de la majorité. Nous devons nous résoudre à reconnaitre avec eux qu'il n'est pas possible, dans un régime d'inégalité économique, que le fonctionnaire soit neutre : comment dès lors s'étonner que l'Etat, aux mains d'un parti, lui demande compte d'opinions qui ne peuvent être que pour lui ou contre lui ?

La nécessité est claire : dans les conditions actuelles, économiques et constitutionnelles, on ne peut raisonnablement réclamer la liberté d'opinion pour les fonctionnaires, leur asservissement à l'Etat est inévitable, il fait partie du régime ; c'est un des éléments du système. Les plus honnêtes gens de pouvoir n'ont pas échappé à l'impérieuse obligation d'être des tyrans ; il faut même leur rendre cet hommage qu'ils ne disposaient pas d'autres moyens pour servir fidèlement leur parti et leur programme.

On s'indigne ; mais en s'indignant on oublie que le fonctionnaire fait partie d'un ensemble ; on ne peut examiner sa situation en l'abstrayant de la complexité sociologique dans laquelle il se meut. Or, c'est précisément parce qu'ils l'ont abstrait des rapports qui le lient inexorablement à ses concitoyens, l'ont sorti du milieu économique, que tant d'écrivains ont cru pouvoir protester au nom de la morale publique contre l'asservissement des administrations publiques. Ils n'ont vu que les symptômes du mal : ils ont négligé d'examiner l'organisation économique à laquelle sa permanence est nécessairement liée. Tout s'enchaîne dans une civilisation et il ne peut dépendre de l'arbitraire d'une loi ou d'un décret, voire même d'une bonne volonté persévérante, qu'un des anneaux de la chaîne soit rompu ; tout se tient, et c'est d'un mouvement d'ensemble que se développe l'action inexorablement oppressive des administrations. Les fonctionnaires sont des clients par le jeu même de la constitution, clients au même titre que tous les salariés : voilà ce qu'il faut retenir si l'on veut comprendre quelque chose en cette matière que l'ignorance n'a pas été seule a troubler.

Qu'est ce que l'Etat ? La réponse est embarrassante ; mais soyons assurés qu'elle ne nous sera fournie ni pas les traités théoriques, ni pas les prosopopées ministérielles. Sans vouloir entamer une controverse sur l'origine de l'autorité parmi les hommes, il est nécessaire de poser ici quelques considérations sur ce sujet pour embrasser dans toute sa portée le mal dont souffre le public et les fonctionnaires, et réfléchir fructueusement sur la nature des remèdes spécifiques.

Le fonctionnaire doit sa foi à l'Etat : mais l'Etat coïncide-t-il avec la société, les intérêts collectifs ?

L'Etat ne représente pas l'ensemble des intérêts publics ; voilà ce qu'il faut se résoudre à croire ; il ne les représente pas constitutionnellement ; il ne les défend pas ; il faut même ajouter qu'il ne peut ni les représenter ni les défendre, malgré ses déclarations. L'Etat représente et défend quelques intérêts : c'est un groupement de parti. Derrière la fiction impressionnante du droit public, l'Etat, c'est quelques hommes, les gouvernants, les hommes d'un parti, d'un intérêt, d'une classe.

Par essence, l'Etat est personnel : il ne peut donc être que partial et arbitraire. Et cela est si vrai que demander à l'Etat de représenter l'unanimité des individus, demander qu'il soit impartial et juste, c'est proprement demander sa suppression : l'Etat juste, ce serait l'égalité entre les hommes, c'est-à-dire l'abolition de la dépendance personnelle qui unit les gouvernés aux gouvernants, c'est l'anarchie, mais au sens que lui a donné Proudhon, théoricien de l'ordre et du progrès, honnête homme et penseur puissant (1) : il faut dire de suite que c'est cette anarchie, ce « gouvernement de l'anarchie » qu'instituent, nécessairement, qu'organisent dès maintenant tous les groupements d'ouvriers syndiqués et de fonctionnaires associés. Anarchie, fédéralisme, ou autarchie ? Quel mot faut-il employer, quel mot correct, pour ne pas falsifier le sens des efforts de tout ces hommes qui, en attaquant le pouvoir personnel ne cherchent que l'ordre, la liberté, la probité, et la dignité dans la vie ?

La théorie de la lutte de classe, issue précisément de la dualité des intérêts dont la contradiction est maintenue par l'Etat, n'est pas seule à nous montrer la nécessaire, l'inéluc-

(1) *De la création de l'ordre dans l'Humanité, ou principes d'organisation politique*, par P.-J. Proudhon, 1843.

table partialité de l'Etat ; la preuve a été fournie également par des hommes qui n'ont aucune attache avec le parti socialiste, et plus particulièrement par un écrivain que ses études et ses fonctions devaient plutôt incliner à justifier l'Etat : M. Léon Duguit, professeur de droit administratif à la faculté de droit de Bordeaux, esprit sincère et dialecticien vigoureux, lui aussi, rejette toute fiction, au rebours de l'Ecole qui pose en principe que « la puissance, l'autorité, ce sont là des entités et non des personnes (1). » Voilà l'originalité de ses vues.

Jusqu'ici les théoriciens de l'anarchie seuls avaient osé attaquer les principes sur lesquels repose la société politique depuis la Révolution : l'omnipotence de la loi, la souveraineté de la majorité la supériorité des gouvernants, l'obéissance passive des gouvernés. M. Léon Duguit a repris l'attaque avec la même virulence, mais dans un autre esprit, car il n'est ni socialiste, ni anarchiste ; avec une autre méthode. A son tour, il vient critiquer les principes traditionnels, avec cette âpreté coléreuse qui poussait Proudhon contre Rousseau, ce « charlatan genevois » ; il reprend l'attaque contre l'indestructible auteur du *Contrat social*. Cela nous a valu un nouvel anti-Rousseau : *L'Etat, le Droit objectif et la loi positive*.

Entre tant de régimes politiques inégalement démocratiques, M. Duguit ne fait pas de différences : il les déclare

(1) Berthélémy, De l'exercice de la Souveraineté par l'autorité administrative. (*Revue du dr. public*. 1904).

tous également illégitimes par leur source et origine ; car où tant d'auteurs voient des jeux de principes, lui ne voit qu'une différenciation entre les plus faibles et les plus forts, différenciation plus ou moins accusée suivant les temps. « Monarchie, aristocratie, démocratie, royauté, république, ces différentes formes du pouvoir politique ne sont que le produit de l'évolution, elles sont la traduction en un langage traditionnel de ce fait, qu'un seul, quelques-uns ou une majorité, sont plus forts que les autres. » Ce qui nous cache le fait brutal, c'est la fiction de l'Etat, personnification de la collectivité, fiction dont Rousseau a fait la théorie sous le nom de droit de la majorité. M. Duguit rejette le droit de la majorité et au rebours de Rousseau, il croit que le peuple peut se tromper et partant il se refuse à accorder un caractère juridique à ses erreurs, mêmes consacrées dans les formes officielles. Toute sa pensée est ramassée dans cette phrase insurrectionnelle, d'un tour proudhonien : « Il y a un droit contre l'Etat, parce que l'Etat n'est pas le créateur du droit. » (p. 265).

L'Etat, s'il n'est que la différenciation entre gouvernants et gouvernés, c'est donc bien un rapport de puissance régalienne qui unit les détenteurs du gouvernement à ceux qui les servent, maîtres et serviteurs ; l'intérêt public, offensivement opposé à toute velléité d'émancipation, n'est plus qu'un intérêt particulier, une somme d'intérêts particuliers : l'Etat ne peut être neutre, parcequ'il ne représente que les plus forts de la nation. Par conséquent, réclamer sa neutralité entre tous les intérêts individuels, comme l'enseigne la théorie d'école, c'est vouloir lui demander de se trahir lui-même. Il ne peut que résister ; c'est le devoir des gouvernants de lutter contre les entreprises de ceux qui prétendent le réduire à une gérance administrative, révocable; c'est leur devoir, si c'est un devoir que de vouloir persister dans son être.

Les fonctionnaires sont les agents d'exécution des plus forts; les plus forts exigent d'eux l'obéissance, ils vont même jusqu'à leur demander d'aliéner, en dehors du service, toute la partie de liberté qui pourrait entamer leur puissance : c'est ce que l'on appelle la hiérarchie, la discipline. A l'examen, les fonctionnaires apparaissent donc véritablement comme les agents d'un parti. C'est le Gouvernement qui les paie, dit la sagesse des nations quand elle veut légitimer l'obéissance des employés publics; bonne raison qui dégage de toute théorie, involontairement, la pratique de tous les Etats. Ce parti, c'est la bourgeoisie, c'est une classe; l'Etat est son armature extérieure. L'Etat bureaucratique dit : *mes* employés, comme le patron dit : *mes* usines et ateliers, *mes* ouvriers; il dit aussi : « je les nourris, c'est moi qui leur donne du travail. » Le garde des Sceaux dit: *ma* chancellerie. Voilà la puissance; les autres n'ont qu'à obéir, et ils obéissent; l'obéissance, voilà tout le droit du salarié. Heureusement qu'il y a des tribunaux et des chefs pour le lui rappeler, s'il l'oubliait, et des prix pour le récompenser, s'il ne l'oublie pas.

En réalité, il ne peut pas plus être question de l'indépendance de l'ouvrier à l'égard de son patron que de celle de l'employé à l'égard de l'Etat, parce que le patron et l'Etat les paient. La contrainte de l'Etat n'est qu'une forme de la contrainte économique ; en voilà l'alternative : servez ou partez. Partir où ? Cela n'est pas la question et ne peut faire question : c'est la liberté, il faut s'en tenir à elle. Il y a aussi le vote : est-ce une arme ? Nous voyons l'ouvrier, quand il vote, élire ses patrons, tout comme l'employé ; et cela, il le fait spontanément, sans bassesse : c'est la nécessité qui met dans l'urne son bulletin. Il ne peut faire autrement. Il respecte ses maîtres. Comme disait Proudhon : vous ne voudriez cependant pas qu'il les tue !

Dans ses rapports avec l'Etat, l'employé ne peut être qu'un serviteur ; il faut répéter que l'obéissance est exigée de lui ; il ne cessera d'être un serviteur que lorsque l'égalité économique rendra l'indépendance des producteurs les uns à l'égard des autres possible, aussi nécessairement que l'inégalité économique assure aujourd'hui la stricte dépendance personnelle.

Voilà d'où découlent les règles qui constituent le droit du fonctionnaire : droit dont le principe de subordination n'a pas empêché d'ailleurs la constitution d'un certain nombre de garanties, au détriment du pouvoir ministériel, et dont l'ensemble constitue un état au profit du fonctionnaire. C'est un état, grand bien, utile protection, qui va même jusqu'à gêner le pouvoir, mais les règles en fussent-elles étendues dans le système actuel qui régit les administrations publiques, qu'il ne réaliserait pas encore la liberté des individus, ni l'égalitaire réciprocité des services.

Cette autorité personnelle, que les associations sont destinées à faire disparaitres, comme nous le verrons, des juristes de l'Ecole prétendent, dès maintenant, prouver son inexistence, dans les cadres actuels de l'Etat. Une pareille opinion vaut par elle-même, en ce sens qu'elle affirme la possibilité d'une administration sans subordination personnelle : affirmation importante qui vient légitimer les conclusions de ceux qui prétendent que l'ordre n'est pas lié, nécessairement, à l'autorité ; affirmation d'autant plus importante qu'elle est l'œuvre d'hommes de loi.

Cette opinion est importante à un autre point de vue: elle exprime, en une argumentation juridique, la dissociation intérieure de l'Etat, elle montre les atteintes qu'a déjà reçu son principe moteur. Si ce principe n'était pas atteint, serait-il discuté ?

L'obligation pour l'inférieur d'obéir aux ordres du supérieur auquel il est hiérarchiquement subordonné, M. L. Duguit ne veut la considérer que comme un élément de « l'obligation de se conformer à la loi de la fonction. » L'auteur le prouve ainsi : « Le fonctionnaire inférieur est grevé du devoir objectif d'agir conformément à la loi de sa fonction, et cette loi lui impose souvent le devoir de suivre la direction à lui tracée par un autre fonctionnaire. L'accomplissement de ce devoir est garanti par les sanctions ordinaires qui s'attachent à l'obligation fonctionnelle, la surveillance disciplinaire, l'action hiérarchique, le pouvoir de révocation. » Et il conclut : « La notion d'ordre doit être bannie du droit public comme du droit privé (1). »

Cette opinion ne nous paraît devoir être retenue que comme une indication sur l'évolution de l'Etat, car il ne paraît pas possible de douter que l'indétermination très grande des obligations fonctionnelles ne permette au supérieur de donner des ordres à son inférieur, que le droit de révocation *ad nutum* des ministres, ne constitue pas effectivement un rapport d'obéissance personnelle d'inférieur à supérieur. Au reste, les termes eux-mêmes de la hiérarchie : supérieur, inférieur, donnent à cette vassabilité toute sa réalité : un inférieur, nécessairement, reçoit des ordres ; c'est là son infériorité, c'est pourquoi il est inférieur. Cette infériorité persiste lorsque M. Duguit dit que « l'agent inférieur (le militaire) ne viole jamais la loi en se conformant aux ordres de son supérieur. » Les mots anciens persistent sous la plume de cet éminent auteur. Soyons assurés que l'ancienne servitude persiste, elle aussi, avec une nécessité que l'auteur signale avec une trop évidente insuffisance, en reconnaissant que « les choses en apparense se passent un peu comme s'il y avait pour le fonctionnaire inférieur obligation directe d'obéir aux ordres du supérieur. » Nous devons dire que la notion d'ordre ne disparaîtra du droit public que lors-

(1) L. Duguit. *L'Etat, les Gouvernants et les Agents*, p. 619 et s.

qu'aura disparu la conception de hiérarchie. qui est la subordination personnelle, ou n'est rien.

Voilà les faits, voilà le droit ; or pas plus que les simples citoyens les fonctionnaires ne veulent rester dans une situation servile ; ils veulent échapper à une tutelle qui sous le couvert de l'intérêt public ne fait que perpétuer contre eux une forme d'autorité, que justifiaient autrefois les rapports personnels qui unissaient le prince à sa domesticité : le mécontentement des fonctionnaires qui se traduit dans les associations, n'aggrave pas la situation, mais la dénonce ; c'est grâce à lui que l'opinion pénètre enfin dans le mécanisme secret de l'Etat, où s'emboîtent les uns dans les autres l'autorité, l'arbitraire, l'irresponsabilité et l'incompétence.

CHAPITRE V

SUBORDINATION DU PARLEMENT A L'ADMINISTRATION

On pense volontiers que tout irait bien dans l'Etat si le Parlement pouvait effectivement exercer les fonctions de surveillance et d'initiative que la Constitution lui a dévolues. Vains regrets. car il ne semble pas qu'il soit possible d'espérer sur ce point un changement dans sa manière d'agir, déjà ancienne. Les rapporteurs du budget se plaignent eux-mêmes d'être mis dans l'impossibilité d'examiner avec utilité les projets de crédit et les états de dépense que leur fournissent les administrations publiques. tant les moyens de fraude sont faciles ; d'ailleurs, il faut ajouter que les rapports budgétaires sont préparés, sinon même intégralement écrits, par des employés choisis par les rapporteurs, ou bénévolement mis à leur disposition par les administrations elles-mêmes.

Le sénateur Antonin Dubost a naguère constaté dans l'un de ses rapports généraux que « la plupart des documents (fournis par la comptabilité des ministères) n'ont aucune valeur *ni sincérité* et que leur ensemble est incohérent (1). » Le contrôle du budget est une fiction. Ce qui a permis d'écrire que « tout le régime représentatif est faussé... la fonction de contrôle de la Chambre n'est plus un moyen de surveiller, mais bien de troubler l'administration de l'Etat (2). »

Voilà le fait. On pourrait peut-être répondre aux employés impatients d'un meilleur état de choses qu'ils devraient s'employer à donner aux parlementaires le concours dont ils se plaignent d'être privés : procédé simple, mais malheureusement illusoire. On pourrait aussi inviter les électeurs à faire choix de meilleurs députés : mais cela ne veut rien dire pratiquement.

Si des parlementaires sincères peuvent se plaidre de l'irrégularité des comptes administratifs, de la mauvaise gestion, tant technique que financière des services, c'est moins les employés qu'il faut en accuser. que l'intervention des hommes politiques dans les administrations. Les ministres sont constamment invités à troubler l'ordre normal des administrations qu'ils dirigent ; ce n'est un secret pour personne ; il n'y a même plus lieu de s'en étonner ; c'est le mal et le profit du régime. Or, pour satisfaire les recommandants, il est nécessaire, le plus souvent, que les chefs de service tournent cer-

(1) *Rapport* n° 335, p. 97. Cf. Boudenoot, sénateur, sur le budget de 1900 ; Klotz, député, sur le budget de la Guerre pour 1906, p. 114 et s.

(2) Miceli. Les partis politiques et le Gouvernement de Cabinet. *Revue du droit public*, 1895.

taines règles ; un mal entraînant un autre mal, cela les met dans l'obligation de fournir des état destinés à masquer les irrégularités. Le Parlement reçoit la monnaie de sa pièce : sans doute qu'il est mal autorisé à se plaindre ; il n'y est d'ailleurs pas plus autorisé que le suffrage universel, lui, l'intarissable source de toutes les demandes de recommandation. Ainsi tout s'enchaîne avec force. Derrière la « crise du fonctionnarisme », c'est tout l'Etat qui montre ses tares fonctionnelles.

Ce n'est pas assez dire que l'administration échappe au contrôle du Parlement : le Parlement se perd dans l'administration, dans tous les cas où il prétend la diriger : c'est ce qu'il faut démontrer pour comprendre la généralité politique du problème des services publics, en même temps que pour apprécier l'optimisme constitutionnaliste de tant de Français. Dans le problème de l'administration, il y a un problème parlementaire, dont tous les éléments ne sont pas constitués par le favoritisme polique et la hiérarchie autoritaire.

Notre régime parlementaire est âprement critiqué : lenteur et méthode défectueuse de travail, lois incomplètes, mal rédigées, empiètements sur le pouvoir exécutif, instabilité ministérielle, abus des recommandations particulières qui font perdre de vue l'intérêt général. Certains publicistes vont plus loin et dénoncent l'impuissance du régime, voire sa faillite, et il existe même un parti qui n'a pour programme que cette seule énumération de griefs. M. Léon Bourgeois a parlé de l' « état inorganique » (1) du travail parlementaire ; M. Paul Leroy-Beaulieu de « la force pertubatrice » du Parlement (2) ; M. Lockroy de la « stérilité effroyable » (3) de telle législature ; M. Waldeck-Rousseau des « excès du parlementarisme » (4) ; M. Georges Graux de « l'incohérence des lois », de « l'impuissance parlementaire », de « l'anarchie parlementaire » (5) ; M. Charles Benoist de « la déconsidération générale dont est frappé le régime parlementaire », et M. Eugène d'Eichthal a écrit, sans nuances : « le chômage de l'atelier législatif est, dans de très nombreux cas, préférable à la mauvaise fabrication qu'il infligerait à la nation (6). »

Les transformations politiques, l'opposition entre les usages parlementaires et la constitution que ces critiques signalent, la plupart des publicistes et des hommes politiques ne veulent guère les considérer que comme les signes d'une simple crise, c'est-à-dire d'un malaise dû à des circonstances passagères et fortuites ; aussi se contentent-ils, le plus généralement, de demander le retour à la Constitution de 1875, avec quelques amendements, tels MM. de Marcère,

(1) *Ann. ch. des députés*, t, 30, p. 223, (1890).
(2) *L'État moderne et ses fonctions* (3e éd.), p. 119.
(3) *Ann. ch. des députés*, t. 51, p. 919, (1897.)
(4) *Pour la République*, recueils de discours (1883-1903), p. 137.
(5) Les lois et les règl. d'adm. publ. *Revue pol. et p.*, 1899.
(6) *Souveraineté du peuple*, (1895), p. 244.

Georges Graux, Gauthier (de Clagny) ; c'est le rappel aux principes, bien connus des juristes. Mais sommes-nous vraiment en présence d'un malaise qui n'affecte que superficiellement les institutions parlementaires, ou les nouveaux usages ne constitueraient-ils pas déjà l'évolution, irrévocable, du régime parlementaire vers d'autres formes et d'autres méthodes de souveraineté et de législation ?

Au premier regard sur le Parlement, un grand changement de manière et d'attitude frappe tout observateur. Le législateur contemporain, oubliant Rousseau à mesure qu'il s'éloigne d'une époque qui n'a pas connu la méthode expérimentale, n'a plus l'orgueil d'être un « inventeur » ; il tient à honneur aujourd'hui de prendre la place moins honorifique que l'auteur du *Contrat social* attribuait au souverain : il devient « mécanicien ». Il est visible, en effet, que le Parlement ne se croit plus guère le créateur du droit, le suprême législateur ; mais le régisseur et contre-maître, comme dit quelque part M. Charles Benoist, simple gérant du droit ; il cherche, découvre, assemble et formule des règles qu'il sait préexister empiriquement, bien loin de les demander à son cerveau. Les assemblées révolutionnaires pensaient à faire œuvre de philosophes et de souverains, nos assemblées contemporaines œuvre de fonctionnaires ; elles exercent une fonction et non pas un droit ; elles organisent, administrent, bien plutôt qu'elles commandent. Quittant « le domaine des idées générales », elles se préoccupent de l'opinion, obéissent aux comités politiques et aux groupements professionnels, collationnent des faits, interrogent, observent la coutume, groupent les cas particuliers, pour tout dire, font une œuvre subalterne de commis d'administration.

Naguère, la Convention voulait être seule à confectionner les lois : c'était l'autocrate ; aujourd'hui, la Chambre est en quête de collaborations. Pour la besogne préliminaire de recherche et d'étude, elle a recours à ceux qui, précisément, sont en rapport constant avec les besoins et les nécessités, à ceux dont l'œuvre est une enquête permanente : les ministères ; elle entre en contact, toujours plus intimement, avec les bureaux, fait du Conseil supérieur du travail un véritable Conseil d'Etat, à la façon de l'Empire, pour la préparation des lois ouvrières : la Chambre se met à l'école du commis.

N'est-ce là qu'un changement de procédé? Ou ne faut-il pas dire que par toutes les consultations qu'il demande, le Parlement paraît bien se confondre dans la hiérarchie administrative jusqu'à n'être plus son chef que nominalement ? Il cesse d'apparaître comme le pouvoir souverain, l'arbitre unique, la raison suprême. Tous ces Conseils administratifs, toutes ces associations privées dont il sollicite l'avis, participent à sa souveraineté, l'exproprient partiellement du domaine que la Constitution prétendit lui donner sans partage. Il n'y a plus un pouvoir supérieur, mais une coopération de fonctions, assez mal hiérarchisées, rendues équivalentes par la pratique ; il n'y a plus qu'une fonction administrative, qui du plus modeste agent de la vicinalité monte jusqu'aux représentants du peuple, sans solution de continuité.

Ce premier aspect des choses n'est que l'introduction du nouveau droit constitutionnel : en fait, ce sont les bureaux ministériels qui préparent les lois ; c'est eux qui tendent à devenir les véritables législateurs.

Le plus grand nombre des lois proposées par les membres du Parlement, en effet, n'aboutissent pas, elles n'arrivent pas même en discussion : au contraire, les lois présentées par le Gouvernement sont, elles, au moins discutées ; elles seules, la plupart du temps, obtiennent un vote. « En fait, écrit M. Michon, dans un livre remarqué sur le *Droit d'initiative*, on peut dire que les ministres ont à l'encontre des membres du Parlement un véritable monopole pour la rédaction des lois... Les ordres du jour des ministres passent avant tous les autres, deux fois au moins par semaine, et plus souvent encore, vers la fin des sessions ou en cas d'urgence (1). » Les députés et les sénateurs connaissent cet état de choses ; ils le trouvent normal, l'expliquent et le justifient même, en faisant remarquer que le gouvernement, par les moyens d'informations dont il dispose, est seul en mesure de connaître les besoins du pays et les satisfactions qu'il y a lieu de leur donner. S'ils continuent à faire eux-mêmes des propositions, c'est sans illusions, ne voyant plus guère dans leur droit d'initiative qu'un moyen de rappeler leur nom au corps électoral. L'administration propose ; le Parlement accepte ou rejette, faisant vraiment l'œuvre d'un jury, malgré son

(1) *L'initiative parlem. et la réf. du trav. législ.*, 1898, p. 254.

droit d'amendement ; il légifère, non d'après son fond, mais sur des données qui ne sont pas son œuvre ; il faut ajouter qu'il légifère peu, malgré l'apparence. Beaucoup de projets, peu de lois. Relégué au second plan, il ne fait même plus figure de législateur.

Pour justifier le règlement de la Chambre, qui accorde plus de liberté au droit d'initiative exercé par le Gouvernement, M. Eugène Pierre, qui est l'écrivain le plus au courant de la procédure politique, donne un argument qu'il faut retenir, comme celui d'un témoin : « Accorder la même confiance, la même méthode d'examen aux lois élaborées et aux propositions que chaque membre peut présenter individuellement, ce serait s'exposer à encombrer le rôle de questions inutiles et parfois dangereuses (1). »

A cet avantage, véritablement régalien, de l'initiative, l'administration ajoute son droit à faire réglements, dont elle use largement. On sait que le Président de la République, avec le contre-seing d'un ministre, peut, par des règlements d'administration publique, des décrets, « compléter, développer, affirmer la pensée de l'autorité législative » (2). Ce vaste droit lui vient de quatre mots de la Constitution de 1875 : « il surveille et assure l'exécution des lois ». Derrière ces grands personnages, les bureaux apparaissent encore les maîtres du droit, car c'est d'eux que dépend l'extension

(1) E. Pierre. *Traité de droit politique* (1893), p. 729.
(2) Georges Cahen. *Le gouvernement législateur.*

ou la restriction, voire même l'annulation des lois les plus importantes.

Ainsi la loi du 2 novembre 1892, sur le travail des enfants, des filles mineures et des femmes dans les établissements industriels, pose en principe que les « enfants âgés de moins de dix-huit ans, les filles mineures et les femmes ne peuvent être employés à aucun travail de nuit dans les établissements énumérés à l'article I.» (Art. 4). Règle flexible, car, en même temps, la loi accorde au gouvernement le droit d'y «déroger d'une façon permanente » par décret, « pour certaines industries » : ce décret, c'est la prérogative de modifier la loi, jusqu'à la détourner de sa destination. Le ministre compétent pourra, en effet, étendre la nomenclature des industries bénéficiant d'une dérogation, jusqu'à rendre à peu près vain le principe de l'article 4.

Quand ce n'est pas au ministre directement, c'est à un maire, à un inspecteur du travail que peut être confié le droit de modifier la règle juridique. La loi de 1892 a un article 7 ainsi conçu : « *L'obligation* du repos hebdomadaire et les restrictions relatives à la durée du travail peuvent être temporairement levées par l'inspecteur divisionnaire. » Ce n'est pas à l'inspecteur à fixer quelles industries peuvent bénéficier de la dispense, mais à l'Etat : dans les limites de sa circonscription, l'inspecteur fixe quelles usines profiteront de la dispense du repos hebdomadaire. La loi du 30 mars 1900 a accordé un droit analogue à l'inspecteur du travail, par cet article : « En outre, en cas de chômage résultant d'une interruption accidentelle ou de force majeure, l'interdiction de ne pas travailler plus de 11 heures peut dans n'importe quelle industrie, être temporairement levée par l'inspecteur pour un délai déterminé. »

Le règlement, œuvre des bureaucrates, doit être considéré comme une véritable loi. Le rapporteur d'un projet de loi sur la répression des fraudes dans la vente des marchandises et des falsifications de denrées alimentaires, M. Dauzon a montré l'utilité générale de cette procédure : « Au fur et à mesure que les fraudes se présenteront, des décrets rendus dans la forme des règlements d'administration publique fixeront les moyens de prévenir des fraudes analogues : *il n'y aura plus à craindre que les fraudeurs escomptant la lenteur du travail législatif bénéficient pendant de longues années de nouveaux artifices qu'ils auront imaginés. La loi vaudra ce que vaudra le règlement d'administration publique.* »

Les ouvriers se rendent déjà compte de cette évolution. Elle a été signalée sous cette forme, à propos de la question du travail des femmes dans l'industrie, au 5e Congrès de la Confédération générale du Travail, par le rapporteur d'une commission spéciale : « Si cette loi (la loi de 1892) n'a pas produit les effets bienfaisants attendus, ceci est dû à l'ambiguité du texte, *aux règlements d'administration publique qui sont venus s'y greffer*, etc. . » Et il ajoutait : « Chaque fois qu'une loi pouvant améliorer le sort du travailleur est votée, un règlement d'administration publique vient, sinon détruire, tout au moins annihiler les effets bienfaisants de de cette loi (1). »

L'importance du pouvoir règlementaire de l'Etat est telle que beaucoup de théoriciens ne font guère de différence entre le décret et la loi, et l'un d'eux, M. Dufour, a écrit : « Le pouvoir réglementaire a reçu par le progrès de la législation, des attributions bien autrement étendues que celles qu'il tient de la Constitution... On peut dire qu'il est appelé à poser les principes eux-mêmes (2). »

Au changement de méthode, correspond un changement dans la forme des lois : le Parlement use du langage et du procédé administratifs, comme il convient à son nouveau caractère.

En contact avec l'infinie variété de la vie sociale, le Parlement a de moins en moins le goût des vastes généralisations, dans la grande manière des hommes de la Révolution. Les lois qu'il propose ou qu'il vote, sont des lois particulières, écrites en style administratif, applicables à des groupements, à des intérêts bien déterminés. C'est une tendance assez accusée pour qu'on la lui ait reprochée, comme s'il dépendait de lui de la modifier. « On remarque de plus en plus dans nos lois, écrit le plus important des recueils de droit administratif, le *Becquet*, une tendance fâcheuse à

(1) XIe Congrès national corporatif tenu à la Bourse du travail de Paris, 1900, *Compte-rendu des travaux*, p. 179.

(2) *Traité général de droit administratif appliqué*, I, p. 44.

s'embarrasser d'une foule de dispositions purement réglementaires (1). » M. Gény, l'auteur d'un remarquable précis de méthodologie juridique, a fait la même observation : « De plus en plus, en matière civile surtout, le législateur français s'attache à ne trancher que des problèmes très limités, qui lui sont proposés par leurs côtés les plus concrets, d'après les suggestions de la vie des affaires, et il se garde, avec excès parfois, d'envisager des théories générales, de poser des principes abstraits, préférant s'en remettre, pour les développements de ses solutions et le complément qu'elles requièrent, à la science et à l'équité des interprètes (1). »

*
* *

Méthode de travail, moyen d'information, langage, procédure de législation, est-il possible de présenter cet ensemble de faits, concordants, nombreux, dépendant les uns des autres, comme les signes fortuits d'une crise passagère ?

L'ensemble des « déviations » aux principes devient système : nous sommes en présence de la nouvelle constitution politique. Le Parlement est si fort avant dans la dépendance

(1) Béquet. *Répertoire du droit administratif*. V° Chambre législative, n° 463.

(2) Gény. *Méthode d'interprétation en droit privé positif* (1899), p. 93.

de l'administration, leur collaboration est si intime, que le souverain a disparu pour devenir un employé.

Le Parlement a, en quelque sorte, donné sa formule légale à cette évolution par certaines modifications qu'il a apportées à son règlement intérieur. Récemment, il s'est, en effet, organisé en véritables départements ministériels, en une série d'administrations particulières qui lui ont tout à fait enlevé son ancien aspect. Naguère la Chambre des députés était divisée en bureaux tirés au sort, qui nommaient quatre commissions mensuelles, chargées d'examiner tous les projets de lois : commissions d'initiative parlementaire, d'intérêt local, des pétitions et des congés : commissions qui n'étaient d'ailleurs pas exclusives, car à côté d'elles en fonctionnaient d'autres, spéciales, plus ou moins permanentes, nommées en vue de l'examen de questions déterminées. Une telle organisation était vague, sans rapport avec les nécessités d'une bonne division du travail ; elle ne correspondait à aucune méthode d'étude. A la date du 17 novembre 1902, la Chambre a modifié cet état de choses. Désormais, au début de chaque législature la Chambre des députés doit se diviser en seize grandes Commissions permanentes, sans préjudice des autres Commissions spéciales ou permanentes dont elle pourra décider la constitution. Ces Commissions ont les dénominations suivantes : Commission des douanes, Commission du travail, Commission d'assurance et de prévoyance sociales, Commission de l'agriculture Commission des travaux publics, des chemins de fer et des voies de communication, Commission de la réforme judiciaire et de la législation civile et criminelle. Commission de l'armée, Commission de la marine, Commission des affaires extérieures, des protectorats et des colonies, Commission de l'enseignement et des Beaux-Arts, Commission de l'administration générale, départementale et communale, des cultes et de la décentralisation, Commission du commerce et de l'industrie, Commission de la législation fiscale, Commission d'hygiène publique, Commission des postes et des télégraphes, Commission des économies (1).

Depuis cette résolution, le Parlement est devenu une sorte de réunion de grands groupements ministériels : administratif par les influences qu'il subit, administratif par sa méthode, le Parlement a désormais une organisation intérieure conforme au caractère de son évolution et aux nécessités de son travail.

Peut-être a-t-on mal vu l'importance de cette résolution, parce qu'on l'a arbitrairement séparée de l'ensemble de faits auxquels elle se rattache. On a voulu réduire à une médiocre pensée politique ces grandes commissions, et, l'origine acceptée, on a conclu qu'elles n'avaient aucune valeur constitutionnelle. On a notamment fait remarquer que plusieurs compétences n'y ont pas trouvé au début la place qui leur revenait, tel ancien ministre de l'agriculture n'est pas à la

(1) *Doc. parl.*, S. E. 1902, n° 29.

Commission de l'agriculture, tel ancien ministre de la guerre, à la Commission de l'armée, tel ingénieur, ancien ministre des travaux publics, à la Commission des travaux publics, etc. La réforme n'aurait eu pour but que de diminuer l'importance de quelques hommes de la minorité. Cette argumentation subalterne ne suffit pas à expliquer une réforme qni n'est qu'en apparence nouvelle, car elle clôt une série d'efforts en vue de discipliner la pratique des Commissions extraordinaires. En usage depuis longtemps, ces Commissions tendaient déjà à supprimer, en fait, les quatre grandes Commissions ordinaires. Ajoutée à l'ensemble des transformations la résolution de la Chambre a donc eu une indéniable importance générale ; elle porte tous les signes de la nécessité.

Dans le même sens, le Parlement s'est privé lui-même d'un certain nombre de droits souverains, de droits qu'il exerçait autrefois à discrétion : il a réglementé le jeu des interpellations jusqu'à l'annuler en pratique ; il a restreint son droit d'initiative en matière financière. Cette dernière restriction, connue sous le nom d'amendement Berthelot, inséré au règlement de la Chambre des députés est formulée ainsi : « Aucune proposition tenant, soit à des augmentations de traitement, d'indemnités ou de pensions, soit à des créations de service d'emplois, de pensions, ou à leur extension en dehors des limites prévues par les lois en vigueur, ne peut être faite sous forme d'amendements ou d'articles additionnels au budget (Art. 51 *bis*). Article « attentatoire à la dignité de la Chambre, disait un député, barrière dressée contre les prérogatives des membres de cette assemblée (1). » Ainsi le Parlement s'est imposé des règles, a discipliné ses prérogatives au moyen de règles de droit : il n'est plus souverain, puisqu'il limite sa volonté.

Cette réglementation est évidemment destinée à s'étendre. Naguère, M. J. Barthelemy demandait dans sa *Théorie des droits subjectifs des administrés* (p. 148) que la « juridiction administrative compensât par voie d'indemnité la violation par le législateur d'un droit constitutionnel », et M. Charles Benoist a provoqué la formation, à la Chambre, d'un groupe de la réforme parlementaire qui a pour objet de « transformer » en un « parlementarisme limité et régulier le parlementarisme illimité et arbitraire dont les excès discréditeraient le régime républicain ». Dans son étude sur *Les deux parlementarismes*, M. Charles Benoist a lui-même fait remarquer l'importance d'une telle initiative dans l'évolution de notre institution constitutionnelle : « Mais limiter le parlementarisme, se demande-t-il, n'est-ce pas limiter la souveraineté nationale ? » Et l'auteur de *La Réforme parlementaire* répond affirmativement, en ajoutant qu'il « aime mieux que la nation vive en limitant sa souveraineté que se suicider pour ne la limiter point. Or, c'est l'alternative... (2) »

(1) M. Paul Constant. *Journal officiel* du 16 décembre 1905.
(2) *La Réforme parlementaire*, 1902, p. 289.

*
* *

L'évolution du régime parlementaire est plus complexe : elle se poursuit en dehors du Parlement.

Les tribunaux, agents d'exécution, ont empiété, eux aussi, pour leur part, sur le pouvoir législatif, malgré le principe de la séparation des pouvoirs, qui avait été dirigé surtout contre eux par les constitutions révolutionnaires.

Les tribunaux ont l'obligation de juger : mais quelle est la mesure de leur droit d'interprétation de la loi, de leur droit d'adaptation des textes aux faits litigieux qui se présentent à la barre ?

Ils doivent appliquer la loi, c'est ce que chacun répondra ; mais réponse très insuffisante, car cette obligation, si simple à formuler, présente les plus redoutables difficultés dès qu'il s'agit de la remplir.

Lorsque le Parlement vote une loi, il ne peut prévoir tous les cas auxquels elle pourrait s'appliquer : d'où des lacunes. Supposons un de ces cas oubliés, se présentant à la barre : que fera le magistrat ? Devra-t-il renvoyer les plaideurs, en alléguant l'obscurité ou le silence des lois? On sait qu'il devra les retenir, puisque l'article 4 du Code civil lui a fait une obligation ineluctable de juger. Il est amené ainsi fatalement à formuler des règles en dehors du Parlement. C'est ce qu'il fit, par exemple, avant la loi de 1898, lorsque des ouvriers blessés demandaient une indemnité à leur patron : il la leur accorda, en étendant la portée de l'article 1382 du Code civil, aux termes duquel chacun doit réparer les dommages qu'il a causés. Cela semblait équitable ; mais qu'est-ce que cette équité ? « En permettant au juge, écrivent deux auteurs réputés, de statuer d'après l'équité, quand la loi est muette, on le transforme en législateur : à défaut de loi, il en fait une pour le cas particulier qui lui est soumis (1). »

Dans une autre hypothèse, supposons la loi inapplicable, parce qu'ont changé les besoins de l'époque : encore ici, le magistrat se substitue, plus ou moins inconsciemment, au législateur qui n'agit pas, et sous les apparences d'un simple jugement refait une loi en harmonie avec les intérêts nouveaux. En même temps qu'il juge, il légifère, donc va au-delà de ses pouvoirs, œuvre illégale qui empiète sur le Parlement. C'est ce qu'il fit, par exemple, en accordant à la dot mobilière de la femme une protection que le Code civil n'avait prévue expressément qu'en faveur de l'immeuble, comme il convenait à un temps qui ne connaissait guère « les actions dans les banques ou sur les compagnies », comme dit Portalis (2).

(1) Baudry-Lacantinerie et Houques-Fourcade. *Traité de Code civil*. I, *Des Personnes*, p. 164.

(2) Fenet, *Recueil des Travaux préparatoires* du Code civil, I, p. 508.

Dans ces divers cas : silence de la loi, loi obscure, incomplète, loi devenue inapplicable, les tribunaux font ce que l'on a appelé de la législation prétorienne, en souvenir du préteur qui, à Rome, se substituait au législateur, dans les mêmes conditions.

Comme les lois parlementaires sont insérées au *Journal officiel*, cette législation judiciaire est insérée dans des recueils spéciaux, dont quelques-uns sont illustres. On dit : le *Dalloz*, le *Sirey*, comme on dit : le *Code civil*. Les plaideurs et leurs conseils s'inquiètent bien plus de ces recueils vivants, que des formules des codes, trop courtes, trop particulières ou trop générales, contradictoires, incomplètes ou obscures. Notre droit est là, et c'est bien là que nos praticiens vont le chercher. On dit couramment : il est de jurisprudence, comme on dirait : il est défendu ou ordonné par la loi. On l'a nié, mais il est cependant certain que la règle de la jurisprudence produit la même contrainte que la loi ; les arguments d'espèce sont de véritables arguments légaux. « On peut dire que, plus encore que les lois nouvelles, la jurisprudence, par son lent et incessant travail, a fait, dans beaucoup de matières, des textes du Code civil un véritable trompe-l'œil. Celui qui croirait connaître les règles de notre législation sur la paternité naturelle, sur le régime de la dot mobilière, pour ne citer que ces exemples bien connus, par la lecture des dispositions du Code qui s'y rapportent, se tromperait étrangement (1). »

La pratique judiciaire ne prit que très lentement conscience de son pouvoir (2) : d'abord considérée par la doctrine comme un simple « art d'application » ce n'est qu'à partir de 1850 que l'on commença à lui donner la place d'un agent du droit. On vit ce changement le jour où l'Ecole se mit au commentaire et à la critique des arrêts. En 1850 est fondée par Wolowsky la *Revue de législation et de jurisprudence*, en 1851, la *Revue critique de la jurisprudence en matière civile*, qui deviennent la *Revue critique de législation et de jurisprudence* ; en 1856, la *Revue pratique de droit français*, le *Journal du Palais*, après 1848, insèrent des notes sous les arrêts, puis le *Sirey*, enfin le *Dalloz*.

Grand événement : « C'était (à la pratique) que venait de passer la primauté dans le progrès du droit. » C'était vraiment la disparition du Code, la submersion de la loi écrite sous le commentaire et la critique, la substitution à cette loi d'une coutume, plus ou moins doctrinalement formulée. La volonté du législateur est oubliée, on ne controverse plus avec des arguments pris dans les travaux préparatoires ; les recueils, illustres eux aussi, de Fenet et de Locré sont négligés presque autant par l'Ecole que par le Palais, devenus

(1) Larnaude. Le Code civil et la nécessité de la révision. *Le Code civil, Livre du Centenaire*, II, p. 911.

(2) Cf. Ed. Meynial. Les recueils d'arrêts et les arrêtistes, le *Livre du Centenaire*, I, pp. 176 et suiv.

simples compilations de discours et d'exposés de motifs à l'usage des historiens. « Que diraient, écrit M. Meynial, nos vieux juristes dogmatiques du début du XIXe siècle, si hautains vis-à-vis de la pratique, si pénétrés de la vertu absolue de la formule de la loi ? Ne penseraient-ils pas, en constatant dans le regret de leur âme, cette intimité flagrante, que c'en est fini du Code qu'ils avaient édifié, et que le monument est si bien recouvert par ces végétations parasites qui s'attachent aux vieilles choses, qu'il y disparaît presque tout entier ? Et leur sérénité ne serait-elle pas autrement altérée par cet amas de volumes d'arrêts qui ont pris dans nos bibliothèques la place où siégeaient autrefois si dignement, plus discrets les travaux préparatoires du Code civil ? (1) »

La question du droit des juges fut discutée au Conseil d'Etat (2) pendant la préparation du Code civil, à propos d'un article 6, dont la rédaction suivante avait été proposée : « Le juge qui refusera de juger sous prétexte du silence, de l'obscurité ou de l'insuffisance de la loi, se rendra coupable de déni de justice. » Le consul Cambacérès et le conseiller Rœderer critiquèrent cette formule, le premier parce qu'elle « pouvait faciliter les usurpations des tribunaux sur le pouvoir législatif » ; le second, parce qu'elle « donnait trop de pouvoir au juge, en l'obligeant de prononcer, même dans le silence de la loi. » Tronchet, Portalis, Bigot-Préameneu

(1) *Livre du Centenaire*, *op. cit.*, I, p. 203.
(2) Fenet. *Op. cit.*, t. VI., p. 20 et suiv.

défendirent au contraire l'article controversé comme posant un principe nécessaire. Finalement la rédaction fut adoptés après un amendement à son texte qui le rendait moins impérieux : « pourra être poursuivi », au lieu de « se rendra coupable ». Avec ce changement, c'est, à un mot près, la rédaction de l'article 4 du Code civil.

Si cette discussion, qui fut courte, posait la question du droit du juge, elle ne la posait pas, malgré l'apparence, dans des termes qui fussent vraiment en contradiction avec la théorie de l'omnipotence de la loi, telle qu'elle fut affirmée par la Révolution. Si une jurisprudence est reconnue nécessaire, ce n'est qu'à une jurisprudence interprétative que pensent les rédacteurs, exceptionnellement indépendante de la loi, lorsqu'aucun texte ne s'est prononcé. Tronchet était bien loin de vouloir autoriser les tribunaux à reprendre le pouvoir réglementaire des cours souveraines de l'ancien régime.

Le plus illustre des rédacteurs du Code civil, Portalis, avait dit explicitement dans son discours préliminaire au projet de Code civil, présenté par la commission consulaire du 24 thermidor an VIII : « Les besoins de la société sont si variés, la communication des hommes est si active, leurs intérêts si multipliés et leurs rapports si étendus, qu'il est impossible au législateur de pourvoir à tout... Un code, quelque complet qu'il puisse paraître, n'est pas plutôt achevé, que mille questions inattendues viennent s'offrir au magistrat : car les lois, une fois rédigées, demeurent telles qu'elles ont été écrites. Les hommes, au contraire, ne se reposent jamais ils agissent toujours : et ce mouvement qui ne s'arrête pas... produit, à chaque instant, quelque combinaison nouvelle, quelques nouveaux faits, quelques résultats nouveaux. » Il disait aussi : « On ne peut pas plus se passer de jurisprudence que de lois (1). »

Or, où Portalis n'a prévu qu'un développement respectueux des textes légaux (plus audacieux cependant pour les cas « rares et extraordinaires ») s'est produit ce véritable renouvellement législatif qui a rendu peu à peu méconnaissables les dispositions des rédacteurs napoléoniens. La « jurisprudence progressive » a tourné non seulement au « supplément de la législation », mais à la législation autonome. Formé plus ou moins illégalemen,t ce droit jurisprudentiel, qu'aucune règle n'a pu jamais délimiter, est considéré comme un mal dont les plus novateurs eux-mêmes ne reconnaissent pas toute la nécessité. La doctrine contemporaine dans sa tendance la plus générale, si elle essaie de s'émanciper des textes, est encore mal dégagée de la tradition régalienne : aussi cherche-t-elle surtout à restreindre le champ d'une activité aussi illégitime ; elle encourage et regrette tout à la fois les larges interprétations prétoriennes, sans être arrivée encore à trouver son équilibre dans un système dérivé de la nécessité. Cette incertitude commune à tous les auteurs, est au fond du livre réputé révolutionnaire, d'ailleurs si suggestif, de M. F. Gény, professeur à la Faculté de droit de

(1) Discours préliminaire sur le projet du Code civil de la Commission consulaire. Fenet. *Op. cit.*, I, p. 469.

Nancy sur la méthode d'interprétation et les sources en droit privé positif.

La jurisprudence prétorienne évince certainement le Parlement de sa prérogative. Du droit d'interprétation qui lui fut concédé par le Code civil, le juge a usé au-delà des termes de sa charte d'établissement. Quelques-uns des rédacteurs consulaires avaient prévu cet effet, Portalis d'abord, qui a formulé les règles de la jurisprudence progressive, mais surtout le tribun Maillia-Garat, plus perspicace, qui a marqué avec fermeté l'antinomie, nécessairement illusoire, entre le corps législatif et le corps judiciaire, lorsque celui-ci use d'un large droit d'interprétation : « Par le droit donné au juge de suppléer à l'insuffisance et au silence de la loi, disait-il, l'intention particulière et actuelle du législateur devient sans objet pour les Français républicains ; la jurisprudence des tribunaux se substitue au pouvoir du Corps législatif ; il y a plus, le caractère de la législation se corrompt nécessairement par les effets divers de l'interprétation, et comme le juge n'a jamais besoin d'une loi pour rendre un arrêt, le même abus, qui rendrait nécessaire la correction des lois, la rend toujours impossible : ainsi le Corps législatif perd à la fois, et la plus grande partie de ses attributions, et le droit qui pouvait le mieux faire apprécier son existence (1). »

Les Allemands et surtout les Suisse sont systématisé cette

(1) Fenet, *op. cit.*, t. VI, p. 167.

évolution en augmentant le pouvoir des juges : ils leur ont accordé un certain droit de législateur. Cette conception rejoint notre pratique, qui, en fait, depuis longtemps, laisse la plus grande latitude au juge, devenu juge-législateur, et on peut dire que c'est elle qui donne la meilleure formule de la jurisprudence extensive, ou législative.

De l'observation de la législation judiciaire, ou jurisprudence prétorienne, on doit conclure, nécessairement, que la loi ne commande jamais qu'en apparence : ce que l'on appelle l'obéissance à la loi est simplement la rencontre de la formule législative et des règles de la nécessité pratique, la corrélation entre la loi et le droit préexistant. La loi, tombée ainsi au rang de simple indication, M. Duguit, rééditant une pensée de Dupont de Nemours, ne la déclare obligatoire pour le juge qu'autant qu'elle exprime le rapport juridique de cette nécessité, de la solidarité. Il serait donc des lois illégales ! M. Hauriou a écrit de son côté cette pensée, qui n'est pas moins anti-monarchiste : « L'obéissance à la loi est une forme de la *coopération* à l'ordre public (1). » Il n'y aurait donc plus de droit public !

Avec la loi, le professeur Duguit a atteint en même temps la souveraineté du Parlement ; logiquement, il nie l'une comme l'autre. « L'ordre implique chez celui qui le donne une volonté d'essence supérieure à celui qui le reçoit, écrit-il. Or, *les législateurs sont des individus comme les autres* ;

(1) *La gestion administrative*, p. 67.

ils ne peuvent donc commander à des personnalités de même nature et de même valeur. »

Nous tenons ici l'ultime conséquence du principe de l'égalité devant la loi : il n'y a plus de prééminence individuelle d'aucune sorte, pas même de prééminences électives. On aboutit à l'équivalence des individus, à la théorie proud'honienne de l'équivalence des services humains. Le député devient un simple « fonctionnaire » : il rentre dans la hiérarchie, dont la théorie le faisait sortir en qualité de souverain, ou de délégué à la souveraineté. Le Parlement n'est plus que le gérant des intérêts communs : c'est une administration de l'Etat, absorbée dans la bureaucratie exécutive. La théorie révolutionnaire de la loi, toute régalienne est vidée de tout droit personnel ; il ne reste rien de la monarchie que les conventionnels avaient laissée dans la République, lorsqu'ils avaient transposé le pouvoir du roi héréditaire aux députés élus de la nation ; l'égalité civile se développe, se répand et finalement semble supprimer tout ce qui conserve la qualité de gouvernés et gouvernants. Aucune théorie contemporaine n'a sans doute exproprié plus décisivement le Parlement de sa souveraineté, et sa valeur objective en sera peut-être doublée pour ceux qui noteront qu'elle est l'œuvre, non d'un polémiste d'avant-garde, mais d'un juriste et d'un universitaire.

Un autre juriste a attaqué avec vigueur le concept traditionnel, mais avec une audace moindre : M. Gény (dont le livre a été patronné par une belle préface du professeur

Saleilles) a formulé une méthode dont le but tend à « réprouver tous les procédés d'interprétation forcée qui poursuivent à outrance la volonté du législateur (1) ». Formule importante, car elle a pour effet de fournir une justification théorique aux empiètements des tribunaux. C'est en ce sens que la tentative de M. Gény est très significative, malgré son traditionalisme foncier ; elle marque à son tour la diminution de la souveraineté parlementaire. Pour la première fois, d'une façon pour ainsi dire technique, brèche est faite dans l'interprétation doctrinale dont le principe est le respect à outrance des législatifs. « Si pleine soit la toute-puissance divine, les théologiens reconnaissent pourtant qu'elle est conditionnée, à plus forte raison, j'imagine, devons-nous consentir que l'omnipotence législative a, elle aussi, ses bornes logiques et nécessaires (2). » « Le législateur ne peut tout dire », on ne « peut se fier à lui pour suffire à tout (3) ». Tout ce que perd le législateur, M. Gény le donne au juge : d'où l'extension du droit du juge au delà des éléments légaux.

Les théories politiques suivent et reflètent cette évolution de la dépossession de la loi et du Parlement ; elles la renfor-

(1) *Op. cit.*, p. 108.
(2) *Op. cit.*, p. 102.
(3) *Op. cit.*, p. 586.

cent même involontairement, dans toute la mesure où elles ont fait des propositions fermes de réforme ou de révision. L'effort, qui ne tendait consciemment qu'à faire mieux respecter la séparation des pouvoirs, a accentué encore la subordination du Parlement aux tribunaux et à l'administration, et fournit comme une contre-épreuve de la fatalité de notre évolution constitutionnelle.

« Il n'y a pas de réforme sérieuse du régime parlementaire, a écrit, voici longtemps, Jules Simon, sans une réforme préalable du Conseil d'Etat, parce que le premier point de réforme parlementaire est l'introductiou du Conseil d'Etat dans le travail législatif (1). »

Cette réforme ne tend qu'à déclarer l'incapacité du Parlement à remplir sa fonction. La collaboration du Parlement avec le Conseil d'Etat est peut-être la réforme le plus souvent réclamée par les écrivains politiques : quel est le professeur de droit constitutionnel qui ne la formule pas à son cours ? Certains, comme M. G. Graux, ont demandé une collaboration étroite entre le législateur et les directeurs de ministères. D'autres, tels MM. G. Cahen, Jèze, Hauriou, Saleilles, demandent que les tribunaux, à l'image de ceux d'Amérique, n'appliquent les lois qu'après en avoir examiné la constitutionnalité ; enfin M. Charles Benoist, élève de Siéyès, a déposé une proposition de loi tendant à l'institution d'une Cour suprême, protectrice de la constitution et

(I) Jules Simon, premier numéro de la *Revue politique et parlementaire*.

des droits individuels, sur le modèle de la « jurie constitutionnaire » du célèbre constituant.

Un député, qui a été encore plus loin dans cette voie, semble avoir poussé l'évolution à son dernier stade : en 1890 M. Causset a demandé que fussent créés et attachés à la Chambre « trois bureaux recrutés parmi les fonctionnaires des divers ministères, qui apporteraient à la Chambre le concours anonyme de leur expérience administrative. » Ici et là apparait bien, avec netteté, la confusion des deux pouvoirs : le Parlement se perd dans l'administration par les soins de ceux-là même qui ne pensent qu'à maintenir sa supériorité. Ils ne pensent qu'à la maintenir en adaptant les fonctions parlementaires à l'évolution : mais cette adaptation conduit à la disparition de l'ancienne forme de souveraineté.

Après les universitaires et les politiciens, les magistrats ne sont pas moins audacieux. M. Baudoin, avocat général à la cour de cassation, dans un discours de rentrée, prononcé en 1898, a fait un vœu qui tend, indirectement, à restreindre le pouvoir du Parlement dans la confection des lois (1). Ce magistrat, après avoir affirmé qu'en fait « les assemblées (législatives) n'interviennent pas dans la période préliminaire des projets (de loi) qui leur sont soumis », demandait que le Parlement confiât la révision des codes au pouvoir exécutif : celui-ci nommerait une commission spéciale ; la Chambre n'interviendrait qu'ensuite, pour discuter

(1) *Le droit*, numéro du 17 octobre 1888.

le projet de la commission gouvernementale. Au fond, M. Baudoin voulait une complète dépossession : « Si parfaite que puisse être leur préparation (par la Chambre), ces projets de loi... n'échappent pas à un écueil sur lequel ils risquent de se perdre : je veux dire la discussion parlementaire, compliquée par le droit d'amendement des membres de l'assemblée ». Il concluait, plus ou moins explicitement, en demandant des restrictions au droit d'amendement parlementaire, mais des restrictions telles qu'au fond elles aboutissaient à annuler l'initiative des députés. La meilleure procédure, à ses yeux, serait celle qu'a employée le Parlement italien lors de la discussion du Code pénal : les amendements avaient été renvoyés au garde des sceaux, assisté d'une commission. Ladite commission examina ces amendements, et présenta ensuite un projet à la Chambre, qui le vota sans modification. Le Parlement avait joué ici le rôle d'une Chambre d'enregistrement, à la façon du Corps législatif, sous la Constitution de l'an VIII, ou, comme nous le disions précédemment, d'un jury.

A ceux qui ont dit que les députés étaient des « fonctionnaires » (M. Dorado) (1), que les « gouvernants sont des individus comme les autres » (M. Duguit), que le Parlement n'est qu'une « simple Chambre d'enregistrement » (M. Audiffred) (2) ou un « simple organe de l'Etat » (conception alle-

(1) Fonction de la loi. *Revue du dr. publ.*, 1899.

(2) *Revue polit. et parlem.*, 1898, II, p. 326. Cf. *Voix du Peuple*, 1903, n° 447, art. de E. Pouget.

mande). qu'il n'y a pas un pouvoir souverain, mais des organes coopérants et autonomes, on pourrait proposer comme conclusions quelques vues de M. Léon Bourgeois dans son livre sur La *solidarité*. Cet homme d'Etat a donné, d'un point de vue constitutionnel, une des formules de cette évolution, exprimée partiellement par tant d'opinions. Après avoir affirmé que « le droit supérieur de l'Etat sur les hommes ne peut exister », M. Léon Bourgeois détruit tout antagonisme et toute prééminence des gouvernants sur les gouvernés en concluant que « la législation positive ne... *créera* pas le droit entre les hommes, (mais) le dégagera de leurs droits réciproques » ; il lui conseille de « se borner à le reconnaître et à en assurer les sanctions (1) ». Une formule condense cette philosophie : « Il n'y a pas un Etat isolé de l'homme, et opposé à lui comme un sujet de droits distincts ou comme une personne supérieure à laquelle il serait subordonné. »

A côté des législateurs constitutionnels, nous trouvons ainsi cinquante, cent autres législateurs, quelquefois légaux, le plus souvent illégaux, comme dans l'ancienne France. Pas plus qu'aux temps où les associations privées, le Parlement, l'Eglise, les seigneurs partageaient avec le roi la prérogative de « dire le droit », le droit n'est aujourd'hui composé uniquement par les règles législatives. On ne peut même pas fictivement considérer la vaste législation non

(1) *Solidarité*, p. 95.

parlementaire comme une réunion de quasi-lois, tant elles sont diverses, nombreuses, véritablement indépendantes du Parlement, qui ne les connaît pas plus que le roi ne connaissait toutes les décisions de ses délégués. La raison n'a pas ordonné la vie par les soins de la loi parlementaire ; la loi n'a pas étendu progressivement son domaine, dévorant l'empirisme procédurier, la coutume morale, l'activité des tribunaux, du gouvernement et de simples particuliers. Le droit apparaît encore comme pratiquement formé bien davantage par les compléments, les interprétations, la pratique notariale, les illégalités plus ou moins déguisées, que par les ordres législatifs ; la loi est tombée dans le domaine commun. Qu'est-ce qui fait loi ? Est-ce le texte publié au *Journal Officiel* ? C'est le texte tel qu'il a été compris par une longue pratique, par les administrations, par la jurisprudence, par une interprétation souveraine de la Cour de cassation toutes Chambres réunies. Le « catéchisme » des citoyens, comme disait Beccaria, ce n'est pas le Code, mais le recueil de jurisprudence, les circulaires et les arrêtés des ministres.

Armand Dalloz avait prévu cette éviction lorsqu'il disait à Emile Accolas : « Si l'on ne jette au feu avant cinquante ans tous nos recueils, le Code civil aura péri sous leur masse. » Les recueils n'ont pas été jetés au feu, et ce sont les codes qui ont disparu. La loi a manqué à l'espoir des conventionnels, comme le bon roi à l'espoir des confiants rédacteurs des cahiers du Tiers-Etats. Bonnes lois, bons rois, c'est la même chimère parce que la vie est plus diverse que nos prévisions et que le pouvoir individuel.

*
* *

Nous voyons que la loi ne s'est pas maintenue par elle-même, mais par ses succédanés : l'interprétation des tribunaux, les règlements d'administration publique, les décisions ministérielles, la pratique des simples particuliers, aidés par l'ingéniosité des officiers de procédure. Parallèlement à ce mouvement de la pratique qui le dépossède et de l'école qui nie sa souveraineté, le Parlement, d'accord avec ses rivaux, s'est dépossédé lui-même, directement, par ses décisions propres : il a légalisé la transformation juridique née en dehors de lui, en donnant si largement à l'Etat le droit de modifier et compléter ses lois. Ainsi par ses contradictions, la doctrine ne fait qu'exprimer en formules idéologiques la discordance de la loi et de la vie ; et le Parlement, plus ou moins involontairement lui aussi vient, à son tour, incapable de maintenir son hégémonie régalienne, formuler la méthode qui repose toute entière sur cette discordance déjà séculaire.

La multiplicité des lois, leurs remaniements fréquents par voie législative, l'intervention constante du Parlement ne peuvent faire illusion (1), pas plus que l'opinion des publicistes qui croient encore que nous allons vers des temps où

(1) Cf. Moreau. L'initiative parlem. *Revue du dr. public*, 1901.

les lois unitaires seront de plus en plus efficaces, qui croient à la réalisation progressive de l'idéal légal de la Révolution, à la résorption de la coutume dans la loi, à l'unification complète du droit suivant les ordres de la raison domiciliée à Paris.

De l'évolution démocratique il ne faudrait cependant induire ni la suppression de la loi, ni la disparition implicite du Parlement; mais qu'une autre conception de la loi, et partant du rôle du Parlement est en voie d'élaboration. Ce qui disparaît, c'est la conception d'une loi dictatoriale, œuvre d'un petit groupe de souverains élus, formulée en termes si impératifs qu'elle ne laisse presque pas de jeu à la liberté d'action des citoyens, des juges, des organes collectifs publics; d'une loi déductive, dont le rôle est de faire plier les faits aux principes généraux qu'elle formule. M. Emmanuel Lévy, dans sa remarquable étude sur *l'affirmation du droit collectif*, a signalé ces transformations, mais en qualifiant religieux ce que nous appelons déductif.

Le Parlement apparaît ainsi comme incapable d'assurer en même temps que sa besogne strictement professionnelle de faire des lois, l'ordre et l'initiative dans les services publics; c'est à la même incapacité que l'on s'est heurté en étudiant le mécanisme du pouvoir exécutif. On demande aux bureaux et aux députés de remplir des fonctions qu'il leur est absolument impossible de remplir, par suite de nécessités qui sont plus constiutionnelles que la Constitution elle-même.

CHAPITRE VI

LES ASSOCIATIONS ET SYNDICATS DE FONCTIONNAIRES

Avant et après la loi du 21 mars 1884 sur les syndicats professionnels, avant et après la loi du 1er juillet 1901 sur les associations, tous les ministres, qu'ils fussent modérés ou radicaux, ont toujours et opiniâtrement résisté aux fonctionnaires qui voulaient s'associer, soit en prohibant ou en supprimant leurs associations, comme contraires au droit public, soit en refusant d'entrer en relations avec elles, lorsqu'aucune objection juridique ne pouvait leur être opposée. Cette attitude, M. Barthou l'indique pour partie, en termes parlementaires, dans son rapport sur les modifications nécessaires à la loi sur les syndicats. Après avoir rappelé que « les pouvoirs se sont trouvés d'accord, dans une tradition interrompue, pour refuser l'exercice du droit syndical à ceux qui détiennent une partie de la puissance publique », il ajoutait : « On peut contester certaines des applications particulières qu'ils en ont faites, mais on ne saurait méconnaître le caractère de la doctrine générale dont leurs décisions sont inspirées (1). »

Ce que M. Barthou appelle une doctrine générale n'a été qu'une attitude politique; ce n'est qu'à cette attitude qu'il faut reconnaître de la fermeté ; quant à la doctrine proprement dite, elle fut incohérente. L'incohérence apparaît indubitable, dès qu'on remarque la diversité des motifs allégués contre les syndicats d'agents de l'Etat. Aux employés des chemins de fer, le droit syndical est refusé parce qu'ils remplissent un service public, sans qu'on s'arrête au caractère industriel de leurs fonctions ; il est refusé aux facteurs parce qu'ils détiennent une parcelle de l'autorité publique ; à d'autres parce qu'ils ont un traitement fixé par le budget ; enfin, un Président du Conseil, M. Rouvier, et un Garde des Sceaux, M. Chaumié, innovant, ont créé une nouvelle catégorie inconnue à l'école : les « fonctionnaires militarisés » (2). Ils ont créé cette catégorie spécialement pour les douaniers du service actif, fort étonnés d'être tout à la fois fonctionnaires publics et militaires. contrairement à une théorie unanimement admise par tous les auteurs (3). Ces

(1) Annexe au procès-verbal de la séance du 28 décembre 1903, Chambre des députés, numéro 1418, p. 51.

(2) M. Rouvier à la séance de la Chambre du 27 février 1905 ; lettre du garde des Sceaux à M. Defontaine. (*Le Douanier*, numéro du 15 août 1905).

(3) Répertoire Fuzier-Herman, V° Fonctionnaire public, n° 21. Le directeur des douanes de Paris M. Thibault, a réfuté cette opinion dans une allocution prononcée au banquet de l'Amicale du service actif des douanes de Paris, en janvier 1906. Cf ce discours dans la brochure publiée par l'Amicale.

variations ministérielles sont si grandes qu'on ne saurait douter que pour chaque espèce les bureaux ont moins cherché des raisons que des arguments d'apparat, peu préoccupés des véritables obligations de l'Etat, telles que les relève l'évolution économique.

Si l'on examine les faits, on peut retenir que le ministère Casimir-Périer est tombé parce qu'il refusait l'exercice du droit syndical aux employés des chemins de fer de l'Etat (1894); que M. Rambaud, ministre de l'Instruction publique, a dissout en 1894 l'association des maîtres répétiteurs, fondée en 1882, sous le patronage de Paul Bert et de Jules Ferry ; déjà M. Spuller, en 1887, avait protesté contre un projet d'union nationale des instituteurs français ; que le ministère Combes a fait dissoudre, en 1903, les syndicats de cantonniers. Le ministre du commerce, M. Dubief, appuyé par une consultation de son prédécesseur, M. Millerand prétendit que les sous agents des postes détiennent une parcelle d'autorité incompatible avec le droit au syndicat ; les instituteurs laissant tomber leur férule, symbole d'autorité, réclament l'exercice du même droit syndical, soutenus par un député, M. Dubief, qui devenu ministre, oublia une consultation favorable qu'il avait donnée comme journaliste (1), de l'autre, combattus par un ministre qui, à l'abri des prohibitions répétées de son administration, les

(1) *A travers la législation sociale*. (Cornély, 1905), p. 8.

déféra au tribunal correctionnel de la Seine (1). Au mois de mai 1904, le ministre des finances ordonna la dissolution de l'Amicale des Douanes (association des agents du service sédentaire), en 1905, il défend aux douaniers du service actif de se constituer en association ; à la même époque il déplaçait le président et un président de section de l'Association des Contributions indirectes.

Voilà un côté des faits.

De l'autre côté, on trouve un grand nombre de syndicats et d'associations d'employés et d'ouvriers de l'Etat, de la commune et du département qui fonctionnent : d'une part, les syndicats des ouvriers des chemins de fer de l'Etat, des instituteurs, des ouvriers des fabriques d'allumettes, des préposés de ces manufactures, employés, commissionnés ou non, des poudres et des salpêtres, des ouvriers et employés et ouvriers civils des magasins et ateliers de la guerre, ouvriers des arsenaux, dessinateurs, comptables et écrivains civils des bureaux du génie, des sous-agents des postes, des ouvriers affectés à la construction ou à l'entretien des lignes télégraphiques et téléphoniques, de la main-d'œuvre des

(1) Les poursuites ont été remises *sine die* sur l'initiative du Parquet, le jour de la comparution des instituteurs inculpés, au nombre de quarante. Le Parquet demanda cette remise en alléguant le dépôt d'une proposition d'amnistie, déposée à la Chambre par M. Gauthier (de Clagny), en date du 7 novembre 1905, visant « tous délits et contraventions à la loi de 1884 sur les syndicats professionnels ». (Doc. parlem., numéro 2724. *Journal Officiel*. p. 35 ; rapport Cruppi, déposé le 10 novembre 1905, Doc. parlem., numéro 2736, *J. O.* p. 45). Cette proposition n'a pas été votée.

postes (1) ; la plupart de ces syndicats sont fédérés : union fédérative des travailleurs de l'Etat, fédération des travailleurs de la marine de l'Etat, fédération des tabacs, fédération des allumettiers.

D'autre part, des associations de fonctionnaires, créées en exécution de la loi du 29 juillet 1901 : « La liberté de s'associer, a dit M. Rouvier à la Chambre, la loi de 1901 la donne à tous les fonctionnaires » (2). M. Georges Cahen a fait le dénombrement exact de ces associations et il a donné quelques indications, dans une certaine mesure approximative, sur le nombre de leurs adhérents, dans un article très intéressant de la *Revue Bleue* (3), qu'il n'y a qu'à compléter : associations des conducteurs des Ponts et Chaussées (4.500) des commis des Ponts et Chaussées (2.000), des contrôleurs comptables, des commissaires de surveillance administrative des chemins de fer (300 membres sur 320 agents), des ingénieurs des ponts et des mines, de l'administration centrale du ministère des travaux publics, des instituteurs (les Amicales réunies aujourd'hui en fédération), des employés de l'octroi de Paris, des Postes et Télégraphes (13.500 membres), des fonctionnaires et agents administratifs des Postes, des receveurs et receveuses, des ambulants, des commis

(1) Cf. Fontaine et Picquenard. *Louage de travail* (1903), numéro 461.

(2) *Journal Officiel*, n° du 8 novembre 1905, p. 3088.

(3) N^{os} des 3 et 17 juin 1905. (Les fonctionnaires et leurs groupements corporatifs). Ces articles font partie d'une série d'études du plus grand intérêt, sur les groupements de fonctionnaires.

principaux, des sous-chefs et chefs de section, des dames employées, des mécaniciens, des expéditionnaires, soit huit groupes, dépendant du sous-secrétariat d'Etat, tous groupés depuis 1904, en une Fédération qui compte 12.000 membres ; association des sous-agents des Postes (comprenant les 3/4 du personnel), des contributions indirectes, des receveurs-buralistes, des agents du service sédentaire des douanes, des agents du service actif des douanes (21.000 membres sur 23.000 agents) (1), des agents secondaires des administrations centrales (qui se sont groupés dans une fédération) des associations professionnelles des ministères, comprenant environ 3.000 membres, des gardiens de prisons, des rédacteurs, expéditionnaires, chefs et sous-chefs des administrations centrales (réunis en fédération), des cantonniers (groupés en fédération), des employés municipaux (groupés en fédération), des commissaires de police, des fonctionnaires et employés des préfectures, sous-préfectures et communes mixtes (1.589 membres) (2), des juges de paix.

Au mois de janvier 1906, s'est tenu un Congrès des salariés de l'Etat, comprenant quarante-deux organisations, groupées par un Comité central pour la défense du droit syndical : union fédérative des travailleurs de l'Etat, fédération des travailleurs réunis de la marine, fédération des

(1) Daprès un appel de l'*Union* publiée dans l'*Humanité*, numéro du 30 mars 1906.

(2) D'après le *Bulletin de l'Association* (n° 6, juin 1905).

travailleurs municipaux, fédération des tabacs et des allumettiers, syndicat des instituteurs, syndicat national des sous-agents des postes, syndicat des ouvriers des postes, syndicat de la main-d'œuvre des postes, association générale des agents des postes, association des jeunes facteurs, syndicat du mont-de-piété, syndicat des agents des lycées, syndicat des gardiens de prison, fédération des employés secondaires des lycées ; l'union des douaniers adhéra moralement (1). Il faut remarquer que le Comité central fait la confusion des syndicats et des associations : il ne tient pas compte des distinctions juridiques.

Les 27 décembre 1904 et le 6 mars 1905 avaient eu déjà lieu des réunions, d'où sortit l'union générale des associations professionnelles des employés civils de l'Etat, dont « le but est la défense des intérêts communs, moraux et matériels, le respect de tous les droits et la lutte contre l'arbitraire. » A ces réunions assistaient notamment : l'Association générale des agents des contributions indirectes, la société amicale des commissaires de surveillance des chemins de fer, la société des commis des ponts et chaussées, la fédération des cantonniers, l'association des huissiers et gardiens de bureau de ministères.

Au 15 avril 1095, M. Georges Cahen comptait parmi les adhérents de cette fédération : les associations des postes, du personnel des travaux publics, des commis des ponts et

(1) *Le Temps*, n° du 30 janvier 1906 ; *Voix du Peuple*, n° 276.

chaussées, des contributions indirectes, des cantonniers, des employés secondaires, des administrations centrales, soit approximativement 90.000 agents et en y comprenant les postiers et les instituteurs 215.000 agents (1).

M. Rambaud, ministre de l'instruction publique, dans une circulaire en date du 30 janvier 1897 (2) a donné les raisons de l'attitude hostile des gouvernements, dégagées de toute érudition doctrinale ; elles valent contre les associations et contre les syndicats d'employés de l'Etat. « Il y a contradiction juridique, écrivait-il, entre de pareilles associations et la qualité de fonctionnaire public, car on ne saurait concevoir que les fonctionnaires puissent se coaliser pour se défendre mutuellement et résister plus ou moins ouvertement à l'autorité publique dans l'exercice de leurs fonctions ; autoriser ces associations, ce serait substituer l'anarchie administrative à l'administration et autoriser, à coté des lois et règlements et de la direction hiérarchique qui, seules, doivent déterminer l'exercice des fonctions publiques, une direction et un gouvernement parallèles fondés sur le seul intérêt des fonctionnaires. » Antérieurement, un ministre du commerce, M. J. Roche, avait dit à la Chambre : « Je ne reconnais pas du tout aux agents du gouvernement le droit de mettre à exécution la loi sur les syndicats professionnels parce que cette loi ne s'applique pas à eux, parce que s'ils se

(1) *Revue Bleue*, n° du 17 juin 1905.
(2) *Revue générale d'administration*, 1897, I, p. 499.

syndiquaient, ce serait contre la représentation nationale elle-même qu'ils organiseraient les syndicats (1). »

On crut, un moment, que cette question des groupements n'aurait plus, pour partie, la même gravité depuis que la loi du 1er juillet 1901 a ouvert à tous les citoyens, qu'ils fussent ou non fonctionnaires, le droit de former des sociétés, sans la condition de profession manuelle, essentielle pour la création des syndicats. Ainsi M. Barthou, notamment, a écrit dans le rapport législatif précédemment cité : « La loi du 1er juillet, en accordant à tous les citoyens le droit de s'associer, a enlevé à la question, sinon toute son importance, du moins la plus grande partie de son acuité », et le ministre du commerce, dans une note adressée, au mois de septembre 1905, à l'association générale des sous-agents des postes, disait en assimilant les deux lois : « Ses capacités juridiques sont presque identiques, avec cette très légère modification que la possibilité de recevoir des dons et legs est subordonnée à certaines conditions dans la loi de 1901. »

Au premier coup d'œil, il semble, en effet, que les termes généraux de la loi de 1901 auraient dû terminer le litige entre l'Etat et ses agents : « Les associations de personnes, décide l'article 2, pourront se former librement sans autorisation ni déclaration préalable, mais elles ne jouiront de la capacité juridique que si elles se sont conformées aux dispositions de l'article 5. »

(1) Le 17 novembre 1891.

L'article 7 du décret du 16 août 1901 autorise, en outre, « les unions d'associations ayant une administration ou une direction centrale ».

La loi de 1901 n'a rien terminé : en fait, elle laisse subsister le problème en son entier, quoiqu'en puissent dire les circulaires ministérielles et les démonstrations doctrinales (1). La preuve en est que certains agents de l'Etat, administrativement réputés fonctionnaires, ont continué à revendiquer le droit de se syndiquer, sans vouloir se contenter de l'association même déclarée. Est-ce que l'attitude de l'Etat ne paraît pas établir le bien fondé de cette revendication, puisque tout en faisant secondaires les différences entre les deux sortes d'associations, il fait défense itérative à ces fonctionnaires de se servir de la loi de 1884 ? Si l'un demande le syndicat, si l'autre le refuse, ne faut-il pas conclure qu'il y a des différences ? Le Gouvernement fait donc une distinction de fond, mal dissimulée dans ses parallèles tendancieux, d'autant plus combattive que la plupart des fonctionnaires, et ceux mêmes qui paraissent le moins révolutionnaires, tendent à conquérir le droit au syndicat. Aussi le conseil de la Fédération générale des associations professionnelles des employés civils de l'Etat votait-il un ordre du jour, dans sa séance du 31 octobre 1905, dans lequel se trouve ce vœu : « Qu'aucune catégorie de citoyens ne doit être privé des bénéfices d'une loi essentiellement démocrati-

(1) Fontaine et Piquenard. *Op. cit.*, n° 463.

que et que toutes les catégories de travailleurs, aussi bien ceux de l'Etat que ceux de l'industrie, doivent pouvoir discuter leurs intérêts avec leurs employeurs et, dans l'espèce, avec les pouvoirs publics représentant l'Etat-patron. »

L'article 3 de la loi du 21 mars 1884 indique de la manière suivante à quel objet peuvent tendre les syndicats : « Les syndicats professionnels ont exclusivement pour objet l'étude et la défense des intérêts économiques, industriels, commerciaux et agricoles. » Et l'article 2 ne prévoit comme membres dans chaque syndicat que les individus ayant des intérêts professionnels communs, sinon directement, du moins par connexité ; et la plupart des commentateurs, aidés par la Cour de cassation, se reportent aux discussions longues et troublées qui ont préparé le vote de cette « loi de liberté » pour faire observer que le Parlement n'a eu en vue que les ouvriers, à l'exclusion des fonctionnaires et professions libérales (1). « Les syndicats professionnels de patrons ou d'ouvriers », dit en effet formellement l'article 6.

La loi de 1901 ne parle pas de défense d'intérêts professionnels, mais de « la mise en commun, d'une façon permanente, des connaissances ou de l'activité des contractants dans un but autre que de partager des bénéfices » (art. 1) ; et, laissant sans limite le champ de la liberté, l'article 3 ne

(1) Jurisprudence de la Cour de cassation : Dalloz, 86, I, 137. Il faut dire que Waldeck-Rousseau était d'un avis contraire. Cf. P. Pic, *Traité de législation industrielle* (2e édition), p. 254.

prohibe que les associations dont l'objet serait « *illicite, contraire aux lois, aux bonnes mœurs*, ou qui aurait pour but de *porter atteinte a l'intégrité du territoire national et à la forme républicaine du Gouvernement.* » Ce qui veut dire que tous les citoyens peuvent former des associations, en toute liberté, quel que soit leur but, même dans un but d'intérêt professionnel, le groupement des intérêts professionnels étant légal depuis la loi de 1884. C'est en ce sens que l'on peut dire que *le groupement professionnel est tombé dans le droit commun depuis la loi de 1901*. On voit la conséquence de cette liberté des objets de l'association : les diverses professions à qui le groupement syndical demeure interdit par la loi de 1884 pourront former des associations qui, mises en mouvement par l'intérêt professionnels constitueront à leur profit de véritables syndicats, à quelques différences près dans la capacité juridique. D'où cette conclusion : l'intérêt qui sert de base aux syndicats, qui seul légalement peut leur servir de base, peut également servir de base légale aux associations prévues par la loi de 1901.

La déduction est rigoureuse. On ne saurait la rejeter en tirant argument de l'article final de la loi du 1er juillet 1901, qui est ainsi conçu : « Il n'est en rien dérogé aux lois spéciales relatives aux syndicats professionnels, aux sociétés de commerce, aux sociétés de secours mutuels. » Le professeur Berthélemy l'a cependant prétendu en ces termes :

« J'estime, a-t il dit, que dans la rigueur du droit actuel, même depuis que la liberté des associations laïques a été reconnue, on ne peut légalement admettre la formation d'associations de métiers qui ne jouissent pas de la liberté syndicale. Les associations professionnelles d'instituteurs, l'association des contributions indirectes ne sont pas plus légales présentement que ne le seraient des syndicats d'instituteurs ou d'employés de la régie (1). »

Il est évident que la loi de 1901 ne saurait avoir pour effet de rendre légal un syndicat qui serait illégal aux termes de la loi de 1884 : cela n'est pas contestable ; mais c'est la seule conséquence que l'on puisse raisonnablement tirer de l'argument de texte mis en avant par M. Berthélemy. On peut poser en principe, tout au contraire, que les groupements professionnels ne doivent pas nécessairement prendre la forme syndicale : l'article 3 de la loi donne la liberté d'association sans restriction ; la liberté est agrandie au point qu'il y aura des associations et des syndicats professionnels, qui ne différeront que par l'étendue de leur capacité juridique. « Il n'est en rien dérogé », appuie le subtil controversiste. Cela peut-il signifier autre chose que ceci : la loi de 1884 n'est pas abrogée, ceux qui voudront l'utiliser n'en seront pas empêchés par la loi de 1901. La loi de 1901 doit être interprétée très largement, si l'on veut s'en tenir aux intentions libérales qui ont été exprimées pendant sa préparation : intentions manifestées d'une façon éclatante

(1) *Le Temps*, numéro du 27 janvier 1906. (*La crise du fonctionnarisme*).

dans l'article 3. Tout cela est parfaitement clair : l'auteur du beau *Traité de droit administratif* a fait le procureur, pour des raisons plus politiques que juridiques. Au reste, notre interprétation est celle de M. Rouvier à la Chambre qui, à la séance du 7 novembre 1905, a spécifié « les facilités nouvelles que les fonctionnaires trouvent dans la loi de 1901, pour coordonner leurs efforts, se grouper, *défendre leurs intérêts professionnels...* »

De même que les syndicats, les associations, conformes à la loi de 1901, peuvent s'unir en fédération : c'est en ce sens que s'est prononcé, en réponse à une question posée par M. de Ramel, le rapporteur de la loi devant la Chambre, M. Trouillot, au nom du Gouvernement et de la Commission (1) ; le décret du 16 août (art. 7) n'a fait que donner un caractère réglementaire à une faculté que les tendances générales de la loi auraient suffi à faire admettre, indépendamment de cette précision donnée par les travaux préparatoires. Il faut même ajouter, toujours en se référant aux affirmations du rapporteur, à la même séance, qu'il est légal de constituer des fédérations comprenant des associations poursuivant des objets différents (2).

De la généralité des termes dont s'est servi le rapporteur, de la généralité de l'article 7 du décret du 16 août, il faut

(1) Séance du 7 février 1901.
(2) Cf. Trouillot et Chapsal. *Du contrat d'association* (1902), p. 125 et s.

même conclure que des syndicats formés légalement peuvent s'agréger à des associations conformes à la loi de 1901 et inversement, le droit d'association n'étant défendu qu'à ceux qui auraient en vue des objets illégaux ou immoraux. Or, un syndicat légal et une association respectueuse des prescriptions de l'article 3 forment des groupements légaux qu' échappent à tout vice constitutionnel leur enlevant le droit à l'association : il pourra donc se constituer, à notre avis, des fédérations comprenant des associations professionnelles et des syndicats, c'est-àdire une association comprenant des éléments dont la capacité juridique sera inégale. Les deux lois organiques ont, en effet, établi des différences de capacité entre ces deux formes de groupement, mais il n'y a qu'à constater le fait, sans vouloir en tirer un embarras d'ordre légal contre les fédérations, car la loi est expresse. Tout ce que l'on peut ajouter, c'est que la fédération ne pourra avoir une capacité plus étendue que les éléments qui la composent : sa capacité sera fixée par la capacité la moins étendue, celle des associations suivant la loi de 1901.

Si les associations, dans toute la mesure où elles peuvent être professionnelles, jouent le rôle de syndicats, il n'en faut pas moins conclure qu'il y a entre les unes et les autres de grandes différences : ce sont ces différences que dissimulent les parallèles tendancieux du gouvernement.

Le syndicat, c'est le droit privé, c'est-à-dire l'application aux rapports entre l'Etat et les fonctionnaires de toutes les règles qui sont applicables entre employés, ouvriers et patrons. C'est là ce que redoute l'Etat : n'être plus qu'un patron, obligé à la responsabilité en cas de renvoi intempestif, obligé à la discussion sur le pied d'égalité pour tout ce qui concerne les questions professionnelles, justiciable des tribunaux civils et des coalitions. En combattant le syndicalisme, l'Etat prétend défendre son privilège de commandement, son irresponsabilité menacés par le droit privé.

Il pourra paraître assez vain de porter sur le terrain juridique un problème que la pratique a déjà résolu en fait : il est certain que le débat juridique ne continue plus que pour la forme, les postiers et les instituteurs restant syndiqués dans une attitude combattive, les fonctionnaires d'autorité et de gestion restant groupés dans leurs associations professionnelles, parmi lesquelles quelques-unes marquent la plus vigoureuse fermeté syndicale. Le Gouvernement pourrait peut-être marquer du contentement de trouver des armes efficaces dans les Codes ; mais qui doute que ces armes ne s'émousseront sur ces groupements, comme elles se sont émoussées, avant 1884, sur les syndicats persécutés sans interruption, finalement reconnus, tant leur puissance de fait, illégale de nature, s'était imposée à la puissance publique. Il y a un état de fait que les polémiques juridiques de cabinet ne sauraient modifier. Chaque association le défend avec une énergie dont chacun de ses membres sent l'inéluctable nécessité.

Une partie de la nation s'agrège au prolétariat pour demander des droits : en fait, toutes les associations de fonctionnaires constituent des syndicats, c'est-à-dire des groupements nés de l'inégalité économique.

*
* *

Lorsque l'on parle de l'administration, on fait volontiers bloc de tous les employés qui la composent ; on réduit à l'unité les distinctions entre les expéditionnaires et les directeurs, entre les employés du service départemental et les employés du service central ; on ne veut retenir entre eux que des différences de traitement, liées à des différences hiérarchiques.

En réalité, il n'y a d'unité dans aucun des services de l'Etat. Rien n'est plus dissemblable, d'abord, que les traitements de ministère à ministère, ensuite que les règles d'avancement; ce n'est pas tout : la hiérarchie n'est pas comparable à une échelle que l'employé gravit graduellement, périodement ; il faut encore ajouter que les échelons de grade à grade ne sont pas également séparés les uns des autres : ils sont plus rapprochés les uns des autres à mesure que l'on parvient aux postes élevés.

On peut emprunter à un rapport rédigé par l'Union générale des agents du service sédentaire des douanes sous forme de lettre ouverte aux membres du Parlement, l'exemple suivant, qui fera pénétrer dans le mécanisme d'inégalité économique des administrations publiques.

Les auteurs de ce mémoire rapportent au retard dans l'avancement l'une des causes du malaise de leur service ; mais de leur étude il ressort que toutes les catégories du personnel ne sont pas également atteintes par ce retard dans l'avancement : n'en souffre vraiment que le petit personnel, d'une manière générale, et plus particulièrement le petit personnel détaché dans les départements. Quant aux différences entre l'administration centrale et les services de province, on lit dans ce rapport : « En 1893, la création de six emplois vaut à l'Administration centrale une augmentation de crédit de 19.500 francs par rapport à l'exercice 1902. Cette situation reste la même jusqu'en 1897, époque à laquelle la suppression de cinq agents entraîne une réduction de crédit de 6.100 francs. En 1900, la nouvelle création d'un emploi nécessite un supplément de dépenses de 4.500 francs, qui se trouve ensuite diminué de 3.000 francs en 1903. Enfin la suppression de deux agents en 1904 entraîne une nouvelle réduction de 7.000 francs. Mais en dépit de ces diverses fluctuations, on peut constater que l'administration comprenant en 1905 le même nombre d'agents qu'en 1892, a bénéficié d'une majoration de crédit de 7.900 francs. » En regard de cette majoration, les rédacteurs du rapport indiquent les modifications apportées à la situation des agents des services extérieurs : en 1901, a été retirée aux receveurs placés dans les villes déterminées par l'arrêté ministériel du 27 décembre 1883, l'indemnité de résidence ; en 1899, sont supprimées les gratifications inscrites au budget pour la somme de

25.000 francs. » Et ils ajoutent : « Pour franchir les six échelons administratifs compris entre la classe de début (1.700 fr.) et le traitement final (3.500 fr.), les rédacteurs à l'administration centrale mettent douze ans ; les commis attachés aux bureaux des directions, environ quinze ans, et les autres agents trente années au minimum. »

Quant aux différences dans la rapidité de l'avancement entre chefs et employés les rédacteurs du mémoire écrivent : « Les avancements sont distribués dans la proportion d'un tiers pour les chefs et les commis de direction et seulement dans la proportion d'un septième pour le reste du personnel. Si l'on considère maintenant la répartition des sommes dépensées, on voit que les premiers, pour 274 agents, absorbent 49.200 francs, tandis que les 2.121 agents formant le surplus des employés se contentent de 95.800 francs ».

L'inégalité entre fonctionnaires d'une même administration existe dans tous les services de l'Etat : les fonctionnaires en s'associant mènent donc une lutte contre leur subalternisation inexorable, contre la distinction réglementaire qui parque l'immense majorité d'entre eux dans une condition inférieure, aussi fermée aux emplois supérieurs que l'est le patronat à l'immense majorité des ouvriers. Abandonnés à leur force, ils se rassemblent : c'est d'un mouvement presque instinctif qu'ils se serrent les uns contre les autres pour se défendre contre l'ennemi commun, l'arbitraire politique, cause de l'arbitraire administratif. C'est de la solidarité qu'ils sont réduits à attendre ce que la loi n'a pu et ne pourra jamais leur donner.

Le fait suivant, rapporté dans le Mémoire présenté au Ministre par l'Association professionnelle des fonctionnaires de l'Administration centrale du ministère de l'Instruction publique, donne toute sa valeur à cette nécessité du groupement sur le terrain professionnel.

« Au cours de la discussion qui eut lieu à la Chambre des députés, le 27 janvier 1887, M. Berthelot déclarait : « Si vous voulez avoir de bons employés, si vous voulez, comme je l'ai fait, diminuer leur nombre en augmentant leur tra- travail, il faut les payer. » Et défendant énergiquement le personnel, le Ministre affirmait qu'il était nécessaire que le chiffre total du chapitre premier demeurât fixé définitivement à 1.040.000 francs, « afin qu'il soit possible de porter les traitements des divers employés au chiffre convenable par rapport au travail augmenté qu'on leur demande ». Et pour vaincre toute résistance, il n'hésitait pas à poser la question de confiance.

La Commission du budget et le Ministre étaient donc complètement d'accord pour relever la condition des employés, et le Parlement leur en fournit les moyens. « Comment se fait-il, se demandent alors les auteurs du mémoire, que de cette bonne volonté universelle, les employés ne retirèrent aucun avantage et que loin de s'élever la moyenne de leur traitement fût inférieure à celle de 1887 ? »

Le tableau comparatif des sommes inscrites au budget depuis 1887 jusqu'à ce jour pour le traitement des employés (rédacteurs et expéditionnaires), dressé par les soins des rédacteurs du Mémoire, permet, en effet, de constater que le traitement moyen qui était de 3.453 francs en 1887. tombe, en 1888, à 3.093 francs, soit une diminution de 360 francs par employés ; de 1897 à 1905 à 2.940 francs, soit une différence de 36.350 francs sur l'ensemble des traitements.

Quelle est la raison de ces diminutions ? Nous retrouvons ici les inégalités déjà signalées par la lettre ouverte de l'Union des Douanes. « Si l'on va au fond des choses, répond le Mémoire, ce n'est peut-être, dira-t-on, qu'une question de mots, car le nom d'employés ne désigne pas seulement le petit personnel, mais aussi les Directeurs, les chefs et les sous-chefs de bureaux. Grâce à cette confusion, seule la situation des fonctionnaires d'un grade supérieur subit une amélioration sensible ; leur traitement moyen accuse, en effet, de 1887 à 1888, une progression marquée :

« Les directeurs passent de 15.000 à 18.000 ;

« Les chefs de bureaux. de 7.365 à 8.500 ;

« Les sous-chefs de bureaux, passent de 4.436 à 5.250, *soit* UNE AUGMENTATION TOTALE DE 54.336 FRANCS DU CRÉDIT QUI LEUR ÉTAIT AFFECTÉ, CHIFFRE REPRÉSENTANT LA DIMINUTION CORRESPONDANTE DU TRAITEMENT DES EXPÉDITIONNAIRES ET RÉDACTEURS. »

Et très fermement, les auteurs du mémoire concluent par cette réflexion qui, en donnant aux interventions parlementaires leur véritable valeur, fournit aux associations de fonctionnaires leur meilleur argument : « Il nous sera peut-être permis d'avancer que l'augmentation de cet ordre de fonctionnaires aux dépens du petit personnel n'était pas le but que le Parlement et le ministère s'étaient proposé en remaniant si profondément le décret de 1881. Pourtant, il ne semble pas que cette opération souleva la moindre objection, puisque, depuis cette époque, à plusieurs reprises, des emprunts qui ne furent jamais amortis furent faits inlassablement au crédit des rédacteurs et expéditionnaires. »

Dans l'administration, il y a donc, d'une part, des hommes comparables à des patrons et, de l'autre, à des employés ; les rapports entre tous ces hommes qualifiés uniformément de fonctionnaires sont donc, en fait, déterminés par une hiérarchie autant économique que disciplinaire, déterminés par l'inégalité des profits et du travail, comme dans l'industrie privée. Or, c'est à l'égalité dans le travail et dans le profit que tend le syndicat, par conséquent il tend à la destruction de toute autorité, de toute hiérarchie, indépendantes du travail lui-même. Syndiqués et associés pour les mêmes raisons que les ouvriers, c'est à cette égalité que vont dès maintenant, inconsciemment, involontairement, les fonctionnaires. Ils se sentent aussi incapables d'arriver en corps aux postes rémunérateurs que les ouvriers d'entrer en corps dans le patronat ; leur servitude est liée nécessairement à la hiérarchie publique, comme la servitude des ouvriers, toutes deux dans la dépendance du système capitaliste; et il faut ajouter que c'est la même servitude, l'Etat, formé à l'image du régime économique, n'étant pas comme une sorte de gardien et défenseur impartial de toutes les libertés. Il y a un prolétariat administratif sous les ordres d'un Etat patron, défenseur de l'inégalité économique, surtout quand il se couvre de la pourpre redoutable des empereurs.

***

Les associations de fonctionnaires posent la question du droit de grève ou plutôt la nécessité des faits et la controverse des partis la leur ont imposée ; mais plus directement que les associations, les syndicats de fonctionnaires : on peut même dire que c'est la plus importante des questions posées au cours des premières agitations dans les services de l'Etat.

La question n'est prévue ni par les lois de 1864 et 1884, ni par la loi de 1901 qui ne parlent pas de la cessation concertée du travail. Elle est posée en fait par le raisonnement suivant : les syndicats et les associations étant déjà, dans un certain sens, des coalitions, des « concerts », comme dit le Code pénal, n'est-il pas à craindre qu'ils ne poussent à ses dernières limites le concert qu'elles constituent déjà ? Voilà la conséquence que l'on a prévue et on a prétendu l'arrêter en objectant, derrière les articles 124, 125 et 126 du Code pénal, que les associations ne sont permises qu'à la condition d'arrêter le concert, permis par la loi du 1er juillet 1901, à la limite tracée par le respect des services publics qu'il ne saurait interrompre : c'est-à-dire que les fonctionnaires n'auraient qu'une partie du droit de coalition *lato sensu*, l'association sans la grève, sans l'ultimatum ou coalition *stricto sensu*.

Question neuve : le professeur Garraud ne consacre pas cinquante lignes, d'ailleurs fort superficielles, à ces « crimes et délits théoriques (1). »

La loi du 25 mai 1864, qui a légalisé le droit de grève, n'a été édictée qu'en vue des conflits entre ouvriers et patrons ; ses rédacteurs n'ont pas pensé aux grèves dans les services publics : il ne peut être question de l'appliquer aux fonctionnaires. Reste le Code pénal qui paraît prohiber formellement les coalitions de fonctionnaires.

Il y a lieu, tout d'abord, de délimiter l'étendue de cette controverse : la question ne se pose *en droit* que pour les fonctionnaires détenant « une partie de l'autorité publique », car c'est à eux seuls que fait allusion l'article 123 du Code pénal, unique texte prohibitif. Par conséquent, sont en dehors de la prohibition, sans aucun doute possible, les fonctionnaires de gestion, les employés et ouvriers des monopoles et régies de l'Etat, les employés et ouvriers des communes et des départements, des services concédés, voire même, mais ce qui peut être contesté, « les agents de la force publique, qui sont sans droit de décision et dont l'office se borne à exécuter les ordres du Gouvernement (2). »

(1) *Traité du droit pénal français.* Paris, Laroze, t. III, p. 58, 59.
(2) *Dict. de l'Administration*, de Maurice Block (V° Fonctionnaires).

L'article 123 est ainsi conçu : « Tout concert de mesures « contraires aux lois, pratiqué soit par la réunion d'indivi- « dus ou de corps dépositaires de quelque partie de l'autorité « publique, soit par députation ou par correspondance entre « eux, sera puni d'un emprisonnement de deux mois... »; le reste de l'article prévoit les pénalités qui n'importent pas ici à la discussion.

Le concert est permis aux fonctionnaires depuis la loi de 1901 : c'est l'association ; ce qui est défendu, c'est les mesures illégales, c'est le but illégal. Le Code pénal est ici d'accord avec la loi de 1901, dont l'article 3, on s'en souvient, a pour objet de prévenir la formation de « toute association fondée sur une cause... contraire aux lois ». C'est les mêmes mots, c'est le droit commun, déjà formulé par l'article 1833 du Code civil.

Que faut-il entendre par « mesures contraires aux lois »? Ce ne peut être une réclamation d'un fonctionnaire à un supérieur ; si cette réclamation revêt un caractère collectif, elle devient un concert, mais non pas une action contraire aux lois. Cela est si évident que les membres du Parlement, les Ministres, reçoivent des députations de fonctionnaires, sans leur opposer l'illigalité de leur démarche : c'est le moyen destiné à exercer le droit d'association ; la légalité du concert emporte la légalité du moyen de le rendre effectif. Les Ministres reçoivent des lettres ouvertes pour les mêmes raisons. Quant au fait que ces députations ou correspondances seraient l'œuvre de plusieurs corps, il n'importe : le décret du 16 août 1901 (art. 7) autorise les fédérations d'associations.

Une grève de fonctionnaires serait-elle une « mesure contraire aux lois? » On répond toujours affirmativement, en invoquant l'article 126 (1) du Code pénal, ainsi conçu : « Seront coupables de forfaiture, et punis de dégradation civique, les fonctionnaires publics qui auront, par délibération, arrêté de donner des démissions dont l'objet ou l'effet serait d'empêcher ou de suspendre soit l'administration de la justice, soit l'accomplissement d'un service quelconque. »

En matière pénale, il est de principe unanimement admis que les termes de la loi doivent être interprétés dans le sens le plus limitatif, le plus immédiat, le plus littéral ; principe destiné à mettre une borne à l'ingéniosité exégétique des parquets, agents du Gouvernement : il protège la liberté individuelle, il a pour objet de la protéger. C'est donc à l'aide de ce principe qu'il faut examiner l'article 126 qui intéresse la liberté de plusieurs milliers de citoyens.

Les termes de l'article 126 sont précis : il vise des démissions (2). C'est la démission collective qui est une forfaiture : « Arrêté de donner des démissions », dit-il.

(1) « Les agents de l'Etat n'ont certainement pas le droit de coalition, de syndicat et de grève. L'article 126 du Code pénal est formel. » Duguit, professeur de droit administratif à l'Université de Bordeaux, *L'Etat, les gouvernants et les agents* (Paris, Fontemoing, 1903), p. 419. Dans le même sens, Nézard, *Théorie juridique de la fonction publique*, p. 470.

(2) Démission : « Acte par lequel on renonce à une dignité, à un emploi ». Littré.

Il y a controverse en droit industriel pour savoir si la grève rompt *de plano* le contrat de travail qui unit l'employé à l'employeur : y a-t-il intérêt à se poser ici la même question relativement aux liens de droit qui unissent le fonctionnaire à l'Etat ? Non, car ce n'est pas la question : l'article 126 ne vise que des démissions *arrêtées, délibérées*. Il n'y a pas de chicane possible ; les termes de la loi sont très clairs ; l'exégèse s'impose : l'article 126 ne vise ni ne défend la grève.

Si l'on doutait de cette déduction, il faudrait se reporter à l'exposé des deux premiers chapitres du titre Ier du livre III fait par le comte Berlier, conseiller d'Etat et orateur du Gouvernement devant le Corps législatif. « Il ne suffisait pas, disait-il en faisant allusion à l'article 125 édicté en vue des complots, il ne suffisait pas d'atteindre les coalitions dirigées vers des mesures actives, il est une espèce de coalition qui se présente au premier aspect comme passive dans ses moyens d'exécution, et dont les résultats troubleraient la société à un haut degré : *ce sont les démissions combinées*, et dont l'objet ou l'effet serait d'empêcher ou de surprendre la justice ou tout autre service public (1). » Il s'agit bien de démission. Si maintenant on objecte que le fait qui importe, c'est l'interruption des services publics, et non le moyen, grève ou démission collective, il faut répondre que l'inter-

(1) Locré. *La législation commerciale et criminelle de la France*, t. XXIX, p. 455 (Séance du 5 février 1810).

prête est lié par un texte précis : se préoccuper de ces conséquences, ce serait faire une démonstration tendancieuse.

Bien loin d'impliquer l'abandon de la fonction ou de l'emploi, la renonciation à l'obligation de travail, la grève exprime, tout au contraire, l'attachement à la fonction, à l'emploi, à l'obligation : car l'objet de la grève est la réfection, l'amélioration de la fonction, de l'emploi, des conditions du travail. Un propriétaire qui abandonne sa maison en vue d'y faire exécuter des travaux n'abandonne pas son droit de propriété : il faut même dire qu'il ne pense qu'à le bonifier.

On pourrait être embarrassé par l'intitulé de la section de ces articles : coalitions de fonctionnaires. On dit couramment : les coalitions de fonctionnaires sont interdites par le Code pénal. Reste à dire ce qu'est une coalition? Coalition est un mot très général qui signifie : union, réunion ; le répertoire Fuzier-Herman traduit : « plan concerté et arrêté entre plusieurs personnes pour parvenir à un but commun (1). » Le mot est si général dans la langue courante qu'il peut s'appliquer, en fait, aux grèves et aux associations, et cela est si vrai qu'avant la loi de 1901, l'illégalité des associations professionnelles de fonctionnaires ne faisait pas doute en droit, pas plus que celle des grèves de fonctionnaires : les mêmes articles servaient à défendre tout groupement, permanent ou temporaire.

(1) V° *Coalitions de fonctionnaires*, N° 3.

Si l'on s'en tient à l'explication du mot coalition donné par M. Paul Pic, dans son remarquable *Traité de législation industrielle*, il faudrait rejeter toute identification entre la coalition, le syndicat et la grève ; on va en voir la conséquence : « La coalition écrit-il, qui éveille toujours l'idée d'une lutte virtuelle, d'un conflit au moins latent entre deux collectivités, l'une ouvrière, l'autre patronale, ou entre un patron et son personnel, est le prélude assez ordinaire de la grève, ou suspension brusque de travail... mais il serait cependant inexact de considérer le mot coalition comme synonyme de grève. La coalition est à la grève ce que l'ultimatum est à la déclaration de guerre. C'est une menace de conflit qui ne se transformera en lutte ouverte que si le patron, mis en demeure de faire connaître ses intentions, ne fait pas à ses ouvriers, avant toute cessation de travail, des concessions jugées suffisantes (1). »

Quelques lignes plus loin, l'auteur fait une distinction analogue entre la coalition et l'association, tirée de la différence que constitue entre des groupements la pemanance ou l'éphémérité.

Si l'on tient pour bonne cette terminologie, il faudrait conclure que la grève n'est pas plus prévue dans le Code pénal par l'article 126 que par l'intitulé de la section qui, expressément, ne vise que les coalitions, c'est-à-dire une sorte d'association temporaire ; aux termes mêmes de l'intitulé de la section, il faudrait non moins nécessairement

(1) *Traité de droit industriel*. (Paris, 1902, 2e édition), p. 174.

conclure qu'elle n'a pas davantage prévu l'association de fonctionnaires. Il n'y a donc pas d'argument à tirer du mot, ni contre les associations, ni contre les grèves de fonctionnaires. Peut-être n'est-il pas sans intérêt d'ajouter que le mot coalition, qui est le titre de la section, n'est pas répété dans les articles qui ne visent nommément que le concert de mesures contraires aux lois. C'est les associations qui désormais vont constituer, en fait, les « concerts » prévus par le Code pénal, concerts que la loi de 1901 a uniformément légalisés, sous la réserve, de style, qu'elles ne porteront pas atteinte aux lois.

Les autres articles de la section, cotés 124 et 125, visent, non plus des démissions, et des concerts contraires aux lois, mais des complots, des refus concertés d'obéissance à la loi et aux ordres du Gouvernement.

Une grève de fonctionnaires pourrait procéder du complot, mais non toute grève ; toute grève n'est pas davantage nécessairement un acte de désobéissance aux lois. Chez les ouvriers il est, en effet, des grèves dont l'unique objet est de contraindre au respect des lois et des contrats, telle par exemple la grève des terrassiers du métropolitain de Paris (1905), dont les revendications tendaient à l'application des lois sur l'hygiène, le marchandage, enfin à l'exécution des contrats passés entre la ville et les entrepreneurs publics, les uns et les autres violés par ceux-ci. C'était une grève légalitaire, le refus du travail constituait un acte de résistance légale : l'administration le reconnut en admettant le bien fondé des réclamations ouvrières. On peut donc supposer des grèves qui ne constituraient ni des complots ni des actes contre l'exécution des lois.

Reste l'objection que l'on pourrait tirer de la désobéissance aux ordres du gouvernement, prévue et punie par l'article 124. Il est d'abord nécessaire d'observer que cet article doit être interprété dans ses rapports avec l'article précédent : ildébute, en effet, par ces mots : « Si par l'un des moyens exprimés ci-dessus... »

Quels sont donc ces moyens ? C'est la réunion d'individus ou de corps dépositaires de quelque partie de l'autorité publique, « la députation », la « correspondance ». Or, de l'argumentation faite sur l'article 124, il résulte que ces moyens ne sont défendus, depuis la loi de 1901, que dans la mesure où ils auraient un objet illégal ; ils ne sont pas illégaux en eux-mêmes, par nature, ils sont, au contraire, licites par eux-mêmes, par nature ; ils ne deviennent illicies que lorsque leur objet est illégal : or, l'objet professionnel n'est pas illégal. Ce sont ces moyens illégaux que vise l'article 124 ; c'est à leur existence qu'il lie une pénalité ; or, désormais légaux dans la mesure déjà indiquée, la pénalité qui les vise doit disparaître, comme sans cause.

L'article 126 a toujours été interprété dans un sens abusif ; les articles 123 et 124 n'ont jamais été interprétés à l'aide de la loi de 1901, qui a agrandi, ce qui est incontestable, le champ de la liberté des fonctionnaires, en même temps que celui de tous les citoyens, tous également appelés à bénéficier du contrat d'association. Les textes sont précis. S'ils n'ont pas été interprétés dans le sens de la liberté, c'est que le gouvernement ne s'est appuyé que sur des commentaires du Code pénal antérieurs à la loi de 1901 (1).

Les articles du Code pénal ne visent que les fonctionnaires d'autorité : la controverse sur le droit de grève aurait donc dû les concerner seuls. M. Rouvier, président du Conseil et M. Thomson, ministre de la marine, ont cru devoir étendre aux ouvriers des arsenaux une prohibition qu'aucun texte ne justifie, ni de près ni de loin, ni immédiatement ni par prétérition, ni par aucun de ces arguments de logique qui font la gloire des controverses d'école.

M. Rouvier dit à la tribune du Sénat, à la séance du 14 novembre 1905, ces paroles qu'un juriste consciencieux devra déclarer séditieuses : « Le gouvernement tout entier est décidé à déclarer qu'il n'admet pas que les ateliers qui travaillent pour la défense nationale puissent faire grève (Applaudissements prolongés sur tous les bancs). Quand nous nous trouverons en présence de réclamations, si pressantes qu'elles soient, mais qui ne sauraient être accueillies, sans affaiblir la puissance défensive de l'Etat, sans porter atteinte, la preuve en est récente, à des principes que le gou-

(1) Il n'est pas question ici de la désobéissance hiérarchique des fonctionnaires, qui tout en présentant certains points de contact avec les coalitions, ne se confond pas avec elle : elle a une pénalité spéciale. (Cf. R. de Lacour. *La résistance aux actes de l'autorité publique* Thèse. Paris, 1905. p. 299 et s.)

vernement a le devoir de sauvegarder, nous saurons résister... » (1).

Pour l'examen de cette question, il faut s'en référer aux principes posés au chapitre III de cette étude : les ouvriers des arsenaux ne sont détenteurs d'aucune puissance publique, ils ne sont même pas des fonctionnaires de gestion, mais des ouvriers unis à l'Etat par un contrat de louage de services, au même titre que les ouvriers des monopoles : cette situation de droit privé leur donne une capacité dont les conséquences ont déjà été indiquées, notamment le droit de coalition (2).

Que les grèves des ouvriers des arsenaux constituent un danger pour la sûreté de l'Etat, c'est un point à discuter, discuté et discutable ; il n'y a qu'une chose à retenir, c'est que si elles peuvent être inopportunes, elles ne peuvent être considérées comme illégales, dans l'état présent de la législation. Les ouvriers du Creusot sont vis-à-vis de leur patron, fabricant de canons et de blindages pour forteresses, dans la même situation juridique que les ouvriers de

(1) *Journal Officiel* du 15 novembre, débats parlementaires, Sénat, p. 1343, 3e colonne. Cf. la séance de la Chambre du 17 novembre où la question fut reprise. Cf. décl. de M. Barthou, ministre des postes, aux séances des 10 et 11 juillet 1906.

(2) La Chambre, à la suite de l'interpellation Jourde sur le droit de grève contesté par M. Jonnart, ministre des travaux publics, votait l'ordre du jour suivant, qui fit tomber le ministère Casimir Périer « La Chambre, considérant que la loi de 1884, s'applique aux ouvriers et employés des exploitations de l'Etat aussi bien qu'à ceux des industries privées, invite le Gouvernement à la respecter et à en faciliter l'exécution. » (Séance du 22 mai 1894.)

l'Etat-patron, fabricant de vaisseaux de guerre. Si un intérêt national s'attache à la cessation du travail dans les ports, un même intérêt devrait s'attacher à la cessation du travail de la part d'ouvriers de l'industrie privée au service de la défense nationale (1).

Dans une circulaire aux préfets maritimes, le ministre. M. Thomson a essayé de tourner ces difficultés légales en faisant de la grève une sorte de délit civil : il ne vise, il ne pouvait viser juridiquement les articles du Code pénal qui punissent les coalitions de fonctionnaires ; il ne pouvait non plus viser quelque autre texte précis, restrictif de la liberté du travail et de l'industrie. Il s'est borné à s'attribuer un droit que s'attribuent beaucoup de patrons de l'industrie privée : celui de considérer la grève comme un cas de rupture du contrat de travail. C'est un droit sur lequel on discute beaucoup, admis ou rejeté avec une égale passion, objet des incertitudes de la doctrine et du parti pris de la jurisprudence. Ce n'est pas le lieu de l'examiner, il n'y a qu'à le retenir tel qu'il a été invoqué, comme une preuve contre l'argumentation du gouvernement. Pour protéger la prérogative de la puissance publique, le ministre de la Marine ne trouve à invoquer qu'un argument de droit privé : la

(1) Une restriction au droit de grève pour les ouvriers des arsenaux est prévue par l'article 51 de la loi du 15 juillet 1889, aux termes duquel ils sont tenus de se mettre à la disposition du ministre de la marine, dès le premier jour d'une déclaration de guerre, sans qu'ils puissent invoquer aucun motif tiré de leur service, aucun motif d'ordre professionnel, tel une grève. Le texte est formel, mais il est de droit étroit.

jurisprudence constante des tribunaux, des Cours d'appel et de la Cour de cassation (1).

L'Etat est couvert par une jurisprudence constante (2) : mais en tant que patron. Où sa discussion est récusable, c'est quand il prétend implicitement user de ce droit de rupture en qualité de puissance publique. C'est là qu'il commet une confusion inacceptable en droit : s'il est patron, il ne peut *dénier*, déclarer illégal le droit de grève aux ouvriers qu'il emploie. Le droit de grève fait partie de l'ensemble du droit privé, il ne peut l'en détacher arbitrairement (3).

Le droit des ouvriers des arsenaux paraît d'ailleurs faire si peu de doute que deux sénateurs, MM. Cordelet et Merlin déposèrent, le 21 décembre 1894 (4) une proposition de loi en vue d'interdire le droit de grève aux ouvriers des diverses exploitations de l'Etat et des Compagnies de chemins de fer; proposition reprise, avec quelques modifications, par

(1) M. Pelletan, ancien ministre de la Marine, a fait sienne cette argumentation à la 2e séance de la Chambre du 17 novembre 1905.

(2) Sur cette question lire l'étude de M. Paul Pic, dans la *Revue trimestrielle de droit civil*, 1905, n° 1.

(3) La Chambre vota, par 446 voix contre 86, un ordre du jour de M. Grosdidier approuvant la thèse défendue par M. Rouvier et par M. Thomson. (Séance du 17 novembre 1905.) Appropriation des mêmes principes à la séance du 11 juillet 1906 (366 voix contre 141) où fut rejeté un amendement Constans tendant à faire amnistier les facteurs grévistes révoqués (1906).

(4) *Doc. parlementaires du Sénat*, n° 58, *Journal Officiel*, p. 247. Cette proposition de loi répondait à une proposition antérieure, due a l'initiative de M. Marcel Barthe (1896), aux termes de laquelle devaient être dissoutes comme illégales, dans un délai de trois mois, les associations formées par des ouvriers ou employés des chemins de fer, arsenaux et autres services de l'Etat.

M. Trarieux, en qualité de garde des sceaux du cabinet Ribot, à la date du 4 mars 1895. Le projet, qui en devenant gouvernemental ne visait plus que les grèves dans les arsenaux et les chemins de fer, fut retiré par le ministère Bourgeois, successeur du ministère Ribot : mais maintenu à l'ordre du jour, il fut voté par le Sénat, le 14 février 1896, avec une forte majorité ; transmis à la Chambre, le 20 juin 1898, la proposition sénatoriale ne fut pas discutée. Une nouvelle transmission eut lieu le 12 juin 1902 (1), sans autre résultat.

Le Gouvernement a refusé aux fonctionnaires le droit au syndicat parce qu'il a lié au syndicat la grève, dont elle est évidemment le moyen normal d'action ; elle lui est incontestablement liée, si non dans les textes, du moins dans les faits. Sera-t-il possible d'empêcher ces vastes mouvements qui tirent leur origine moins des permissions de la loi que de la nécessité, rien qu'en refusant le droit syndical aux fonctionnaires ? S'il est possible d'exprimer un avis, c'est non à la répression que le Gouvernement devrait songer, mais à prévenir les causes de mécontentement dans le personnel des administrations publiques, causes qui ont été signalées par les hommes les moins suspects d'irrévérence envers la Puissance publique. S'il veut réprimer, c'est au mécontentement légitime d'hommes, lassés de mener une « vie dégradante » (2) qu'il s'attaquera : la répression n'aggra-

(1) Chambre, *Doc. parlem.*, n° 36, *Journal Officiel*, p. 492.
(2) *Le Temps*, n° du 30 janvier 1906.

vera-t-elle pas les causes de mécontentement pour le plus grand bien de l'inacceptable arbitraire ? Mais l'Etat cependant ne peut accorder ce droit, sous peine de disparaître ; or, d'autre part, s'il ne l'accorde pas, il ne pourra empêcher les fonctionnaires d'en user, à l'occasion (1). L'État est dans une impasse : « l'idée d'autorité est inhérente à la notion d'État (2), » enseigne justement le professeur Berthélemy : c'est à elle que se heurte pour se briser toute révendication de liberté et d'égalité.

La lutte des fonctionnaires contitués en Comité Central pour la défense du droit syndical, ne pourra pas être terminée par la reconnaissance légale de leur droit au syndicat et à la grève: pas plus que n'a été terminée la lutte entre le patronat et les ouvriers, par le vote de la loi de 1884. Les facultès légales n'ont pas une force intime, ne se développent pas inéluctablement au profit de ceux qu'elle concernent : accordées, il faut encore les animer, leur donner une valeur organique, ce qui ne peut être que le fait d'une action continue, d'une solidarité, étroitement nouée et largement entendue. Nous ne devons donc reconnaître dans le Comité Central qui puise ses meilleurs éléments de propagande en dehors du rapport de M. Barthou, et loin de la loi, qu'une épisode

(1) M. Dubief écrit dans son livre : *A travers la législation sociale* : « La vérité est que les agents de l'Etat seraient livrés sans défense au caprice de l'Administration toute puissante, s'ils n'avaient pas le droit de grève » (p. 11).

(2) *Traité de droit adm.* (3e édit), p. 9.

d'une lutte, si grande, si étendue, si longue qu'il disparaît comme insignifiant, ainsi que disparaît aujourd'hui l'action légale ouvrière dans l'action révolutionnaire menée par les syndicats, désormais prépondérante (1).

(1) *Courte bibliographie:* J. Paul-Boncour, *Les syndicats de fonctionnaires* (Cornely, 1906) ; Maxime Leroy, *Le droit des fonctionnaires* (éd. par la Ligue des droits de l'Homme, 1906) ; *Revue Bleue*, art. de G. Cahen (3 juin-26 août 1905) ; *Revue politique et parlementaire*, art. de Demartial (mars 1905), Berthod, Fernand Faure (mars 1906), Duguit (avril 1906), Cahen (juillet 1906) ; *Bulletin officiel de la Ligue des droits de l'Homme*, rapport de Maxime Leroy (15 mai 1907) ; *Revue de Paris*, art. de Berthélemy (15 février 1906) ; Barthou, (1er mars 1906) ; *Pages libres*, art. de Ch. Guieysse (18 nov. 1905) et Borit (9 déc. 1905), reproduction d'une plaidoierie de Me Jean Raynal devant le Conseil d'Etat (30 juin 1906) ; *Mouvement socialiste*, art. de Beaubois et Laurin (15 avril et 1er mars 1905, 15 février 1906) ; *Manuel gén. de l'instruct. prim.*, art. de Ferd. Buisson (20 janvier 1906) ; *Revue des questions pratiques de législat. ouvr. et d'économ. sociale*, art. de Berthélemy (1er juillet 1906) ; *Revue Socialiste*, art. de Rodrigues (15 octobre 1905) ; *Les Temps nouveaux*, art. de P. Delesalle (11 nov. 1905) et de Michel Petit (7 juillet 1905) ; *Le Temps*, lettre de Glay (29 nov. 1905) ; etc.

CHAPITRE VII

L'ACTION DES ASSOCIATIONS DE FONCTIONNAIRES DANS L'ÉTAT

L'ancien Régime s'est constamment opposé aux associations, aux religieuses et aux laïques. Un mandement de Philippe-le-Bel de 1305 interdit, sous peine de prison, toute réunion de plus de cinq personnes ; Richelieu, par ordonnance royale de 1629, fait défense de tenir toute assemblée « sous couleur de confraierie ou autrement » ; un édit de Louis XIV (1666) ajoute : « même sous prétexte d'hospice. » La règle, Ferrière la donne en ces termes dans son *Dictionnaire du Droit* : « On a toujours tenu pour maxime indubitable que personne ne peut établir aucune congrégation, collège, communauté, soit pour la religion, soit pour la police civile, sans la permission du Prince. On ne peut donc pas s'assembler pour faire corps de communauté, sans congé et lettre du Roi (1) ».

(1) Voir cet historique dans Trouillot et Chapsal. *Du contrat d'association.* (1902)

La Révolution Française ramassa la couronne de Louis XVI avant même d'avoir fait tomber sa tête. A peine le décret des 13-19 novembre 1790 était-il rendu en faveur de la liberté d'association, que la loi des 14-17 juin 1791 faisait défense aux « citoyens d'un même état » de se concerter « sur leurs prétendus intérêts communs »; que les 29 et 30 septembre et 19 octobre 1791, la Constituante défendait par décret les clubs et associations politiques. La liberté des associations politiques reparut un court instant en 1793, mais pour disparaître après thermidor. La liberté d'association, enjeu de partis, restait hostile au nouveau régime, qu'il fût montagnard ou thermidorien. L'article 291 du Code pénal, étendant la proscription, décréta: « Nulle association de plus de vingt personnes dont le but sera de se réunir tous les jours ou à certains jours marqués pour s'occuper d'objets religieux, littéraires, politiques ou autres, ne pourra se former qu'avec l'agrément du gouvernement et sous les conditions qu'il plaira à l'autorité publique d'imposer à la Société. » Ce fut la législation jusqu'en 1901, aggravée en cours de route par une loi de 1834.

L'association ressortissait donc au droit public : sa création, sa vie, c'étaient des faits du prince. Dans un régime où l'autorité royale était tout, les particuliers, en effet, n'avaient pas à se concerter : le roi, ses officiers, les corps constitués devaient suffire à assurer la défense, le developpement des intérêts collectifs. S'associer n'était-ce pas s'occuper d'intérêts communs ? c'est-à-dire empiéter sur les droits de la couronne, qui, par principe, est omnisciente et prévoyante, qui seule a qualité pour connaître les besoins du peuple et les satisfaire. Voilà quelle était la théorie royale ; toutefois, impuissant à donner un caractère effectivement individuel à son pouvoir absolu, le roi dut laisser s'établir des confréries et congrégations, abandonner quelques prérogatives aux « gens de mainmorte. » Mais ces abandons de droits, il prétendit les subordonner à sa volonté, donnant et retenant tout à la fois ses concessions pour bénéficier des avantages d'une toute puissance bien abritée derrière cette fiction d'absolu, chimérique et troublante. La théorie qui survit indique à quel point étaient juridiquement dessaisis de leur initiative les sujets du roi ; si nous sommes encore sujets, combien nos pères devaient l'être davantage. Au cours de la séance de la Chambre du 22 mars 1906, M. Adrien Veber demanda au ministre des Finances (M. Poincaré) d'instituer une commisssion extra-parlementaire, où fussent appelés des membres de l'Union générale des contributions indirectes, en vue d'étudier certaines améliorations réclamées par le personnel de cette administration. Le ministre répondit avec la bienveillance d'un secrétaire d'état de la Monarchie : « Je suis animé vis-à-vis des agents de mon administration du libéralisme le plus bienveillant. J'entends cependant qu'ils obéissent au Gouvernement. Si vous me demandez de consulter leurs intérêts avant de signer le décret, je n'y manquerai pas, mais il n'est pas nécessaire de mettre un paravant entre le ministre et les agents. *C'est dans le Gouvernement que ceux-ci doivent mettre leur confiance.* » Voilà le dessaisissement de tous les droits des citoyens entre les mains des gouvernants, l'appel à une omniscience qui exige, pour durer, le silence et l'obéissance de chacun.

L'association, depuis la loi du 1er avril 1901, est entrée dans le droit civil : les particuliers peuvent librement créer des associations; les difficultés relatives à l'association sont du ressort judiciaire. Rapprochée de l'ancienne ordonnance régalienne, cette législation a une très grande valeur : l'association que la royauté a toujours considérée comme une entreprise sur le pouvoir, entre dans la légalité, et elle y entre avec tous les caractères que la nécessité lui a donnés. L'association, on ne peut en douter, est « anarchique », comme l'ont dit tant de ministres dans leurs circulaires et suivant le sens qu'ils ont donné à ce mot ; c'est la discussion, or, rien n'est plus contraire à l'obéissance ; c'est le contrat, or, le contrat est la négation de l'autorité. Tout ce qui est contractuel va contre l'autorité qui, de nature, est unilatérale ; l'autorité ne veut que monologuer ; cela est de toute certitude. Le contrat, en effet, pose en principe l'égalité des parties et la réciprocité des prestations ; le contrat, c'est la base du fédéralisme proudhonien, négateur de l'État, en même temps que soutien de l'ordre.

Ainsi donc, avant tout examen du fond, toute étude du programme des associations, toute indication sur leur objet, les associations apparaissent comme des organismes de dissolution dans l'État : voilà ce qu'il est important de faire remarquer préliminairement. Peut-être voit-on déjà la conséquence d'une pareille nécessité : c'est encore une impasse. L'association, régulièrement constituée, ne peut avoir qu'une action illégale (exception faite, bien entendu, pour les associations artistiques), car, pour des raisons que tous les régimes ont senties d'instinct, de deux choses l'une, ou l'association d'ordre politique, professionnel, discute, ou elle ne discute pas, elle agit ou elle n'agit pas. Si elle discute, elle discutera les lois, le gouvernement ; or, discuter les lois, les ordres du gouvernement, c'est ouvrir la porte à la désobéissance, à l'illégalité. Ceci est une règle d'expérience. La loi est un ordre ; un ordre ne se discute pas. Discuter la loi ! voilà l'hérésie. C'est déjà de la désobéissance que de vouloir réformer les lois, que de les trouver mauvaises ; c'est en quelque manière les violer, que de les discréditer. Le président Magnaud discute les lois et ce n'est qu'après les avoir discutées qu'il les viole dans ses célèbres jugements. Si, d'autre part, l'association ne discute pas, nous sommes en présence d'un groupement de même essence que les corps constitués, faisant bénévolement fonction de gendarmerie civile volontaire : il n'y a que nominalement contrat.

Les ministres ont parlé : « L'autonomie des fonctionnaires... s'appelle l'anarchie, écrivait Spuller, ministre de l'Instruction publique, en 1887, et l'autonomie des sociétés de fonctionnaires, ce serait l'anarchie organisée. » M. Loubet, ministre des Travaux publics, écrivait en 1878 : « En ouvrant une discussion sur des questions qui sont essentiellement du domaine administratif et gouvernemental, les agents des ponts et chaussées et des mines oublieraient les principes les plus élémentaires de la discipline. Tolérer de semblables agissements, ce serait introduire l'anarchie dans les rapports entre le personnel et l'administration. » « Autoriser les associations, ajoutait M. Rambaud, ministre de l'Instruction publique, dans une circulaire du 30 janvier 1897, ce serait substituer l'anarchie administrative à l'administration. » Ainsi parlent également les publicistes.

« Tout le monde est frappé en France, écrit M. Paul Leroy-Beaulieu, des excès du syndicalisme. Le débat du 7 novembre 1905, à la Chambre des députés, n'est qu'un épisode de cette ère... d'anarchie qu'a ouverte la prépotence des syndicats... Il en va de même dans le personnel des plus importants services publics » (1).

Les associations de fonctionnaires inquiètent les gouvernants, comme les syndicats inquiètent les patrons ; ce sont de véritables syndicats qui se dressent contre eux : les patrons et les gouvernants voient dans ces groupements des forces de perturbations. L'employé associé discute les ordres qu'il reçoit, prétend discuter ; il veut confondre l'action et la direction : voilà la perturbation dans la discipline ; il prétend donner son avis sur l'aménagement des services qu'il sert : voilà la perturbation dans la réglementation légale ; il prétend discuter les nominations : voilà l'atteinte à la souveraineté.

(1) *L'Economiste Français*, n° du 11 novembre 1905.

Où s'arrêtera cette discussion, cette réflexion, cette indiscipline ? chacun sent combien il serait vain de vouloir assigner des bornes au mouvement, dès qu'il sera en pleine action : aussi tout l'effort des gouvernants est-il d'empêcher cette action de devenir précise.

Sans qu'il soit possible de prévoir dès maintenant les transformations que ces associations feront subir à l'Etat envisagé dans son évolution monarchique, on peut hasarder quelques prévisions immédiates.

La discussion atteindra l'État, en cherchant à donner un caractère contractuel à tous les rapports entre fonctionnaires supérieurs et inférieurs : les associations et syndicats de fonctionnaires attaqueront d'abord ce que l'on appelle la hiérarchie. Présentées dans des formes un peu différentes, selon qu'elles viennent de syndiqués ou d'associés, les revendications des employés et des ouvriers groupés ont toutes, auront toutes, en fait, quoiqu'on en veuille, cette conséquence de donner un caractère contractuel à des rapports que l'Etat veut maintenir unilatéraux : c'est un fait déjà visible. Voici quelques preuves à l'appui.

Dans le cours du mois d'octobre 1905, le syndicat des fonctionnaires municipaux adressait au président de la commission compétente du conseil municipal de Paris, une liste de revendications visant notamment les règles relatives à la discipline ; dans le même temps, le syndicat des sous-agents des postes adressait au ministre du Commerce une série de revendications touchant la réorganisation du service dont ils sont chargés, quant à l'hygiène, à l'augmentation du personnel et au redressement des traitements. Dans un ordre du jour, le groupe toulonnais de l'Union Générale des agents des contributions indirectes, en date du 28 octobre 1905, après avoir réclamé un certain nombre de modifications dans leur statut, ajoutait qu'il ne reconnaissait qu'un *organe de combat*... « l'Indépendant des contributions indirectes nouvel organe d'émancipation et de rénovation sociale (1). » Voilà du langage syndical. A leur deuxième congrès, les employés des trésoreries (2) adoptaient un projet de réformes qui fixait sur de nouvelles bases les règles de recrutement, d'avancement et de traitement les concernant ; le 27 décembre 1904, les représentants de diverses associations de fonctionnaires se réunissaient à l'effet d'examiner les modifications qui pourraient être introduites dans le régime des pensions civiles (3).

D'autre part, ces associations examinent non seulement des questions professionnelles, d'ordre hiérarchique, mais des questions d'ordre général, elles ont des préoccupations que l'on a jusqu'ici considérées comme du ressort exclusif de l'Etat. Voici, par exemple, les débuts d'un ordre du jour voté à une réunion de sous-agents des postes de Bordeaux, au mois d'octobre 1905 : « Considérant qu'une industrie d'Etat comme celle des Postes, Télégraphes et Téléphones

(1) *Humanité* du 6 novembre 1905.
(2) *Humanité* du 13 juin 1905.
(3) *Humanité*, n° du 29 décembre 1904.

doit être constamment en harmonie avec l'évolution sociale, c'est-à-dire en rapport avec les besoins du commerce, de l'industrie et du public, tant au point de vue de la multiplicité des lignes, du nombre et du parfait état des appareils, du matériel de transport et du mobilier des différents bureaux qu'au point de vue du confort de l'installation des divers services et de l'observation des règles de l'hygiène, que le nombre des employés doit être également en rapport avec les exigences du service ; que si ce service a pu être assuré, grâce aux efforts et au surmenage de tout le personnel, la qualité du travail produit laisse forcément à désirer, et qu'il y a lieu de renforcer ce personnel dans de notables proportions... » Au banquet qui clôtura le congrès de l'association générale des Postes, M. Subra, son président, disait dans le même sens : « qu'il appartient à chaque catégorie de citoyens d'étudier les rouages qu'ils composent dans l'Etat et de proposer ce qui leur paraît propre à les améliorer... Nos observations et nos études professionnelles seront de précieux éléments d'appréciation. Nos études permettront à l'Administration supérieure de rompre avec l'esprit de routine, avec l'esprit bureaucratique... qui... paralysent les efforts des novateurs. »

Dans son allocution inaugurale, le président de l'Amicale de prévoyance des Commissaires de police de France et de Tunisie, on se souvient que le commissaire principal Hennion, disait : « Nous ne présentons pas des revendications, c'est un mot qui sonnerait trop mal chez nous ; il sent un peu l'indiscipline et nous savons trop le prix de la discipline pour émettre autre chose que des vœux respectueux. Tous nos vœux ne tendront d'ailleurs, qu'à accroître la force de la police et nous la voulons forte, non point par la crainte qu'elle répandra, mais par la confiance qu'elle inspirera, l'autorité morale qu'elle acquerra. »

Il ajoutait ces réflexions très nettes :

« Et nous prétendons que la direction de la Sûreté générale ne peut arriver à ce résultat que si elle fait de nous des collaborateurs plus intimes, si elle ne dédaigne pas de nous consulter sur l'organisation générale du service et sur son administration intérieure. » Et quelques instants après, l'orateur s'élevait contre ce « paradoxe bureaucratique, que le fait d'avoir exercé pendant longtemps une fonction publique vous rend inaptes à en discuter et les méthodes et l'organisation ».

Enfin, un dernier exemple : dans une circulaire du mois de mars 1901, le ministre de la Guerre a indiqué dans quelle mesure un syndicat (il s'agissait, en l'occasion, du syndicat des ateliers militaires) pouvait intervenir auprès de l'administration : « Les membres d'un syndicat ou d'une association quelconque, écrivait le général André, se trouvent par leurs relations quotidiennes en état de connaître les besoins et les ressources de chacun d'eux ; ils sont par suite bien placés pour signaler à l'attention du directeur un de leurs camarades qui en raison de sa situation particulièrement digne d'intérêt, leur paraissent devoir être l'objet d'une mesure toute spéciale. Ils sont, d'autre part, en mesure d'apprécier si les conséquences que cette mesure doit avoir pour d'autres de leurs camarades ne sont pas un obstacle à leur adoption. » Remarquez comment à côté du directeur de telle Manufacture de l'Etat, peut fonctionner régulièrement le syndicat, dont le contrôle conditionne évidemment l'autorité du directeur, contrairement à la notion traditionnelle de la hiérarchie administrative.

Si le facteur, si l'allumettier, si le poudrier, si le rédacteur de ministère, peuvent demander d'autres conditions de travail, discuter l'intérêt public, intervenir dans la hiérarchie, qu'est-ce que tout cela veut dire, sinon que l'Etat cesse d'être un impératif catégorique ? S'il y a discussion, il y a malgré les formes plus ou moins hiérarchiques, contrat ; s'il y a contrat, la puissance publique disparaît dans le personnage de quelque société civile ; s'il y a société civile, il n'y a plus ni obéissance, ni hiérarchie, mais collaboration, gestion, commerce. Les fonctionnaires que l'Etat enferme dans la puissance publique, dès qu'ils interviennent pour obtenir une amélioration de leur situation matérielle, font une pression : le caractère de cette pression n'aura-t-il pas invinciblement tendance à se développer dans le sens de l'égalité, plus ou moins irrespectueusement dans le fond, suivant que les associés seront plus ou moins nombreux ?

C'est un débat d'ordre constitutionnel autant qu'économique qui est institué par les associations professionnelles : elles ont donc un caractère nettement syndical. Et c'est dans cette constatation qu'il faut trouver le motif qui pousse le gouvernement à distinguer entre les syndicats et associations : *divide ut imperes*, dit une vieille maxime. Le syndicat paraît plus dangereux à l'Etat, parce qu'il représente mieux le contrat, le groupement professionnel ; c'est l'arme du prolétariat organisé en parti de classe ; il est ouvrier ; il adhère aux fédérations de métiers et aux Bourses du travail, « asiles de la révolution future », selon la métaphore du professeur Berthélemy ; le syndicat est confédéral ; devant le syndicat, l'Etat n'est qu'un patron ; le traitement tombe au rang de salaire ; la nomination, contrat de droit public ou acte unilatéral de la puissance publique, n'est plus qu'un contrat de droit privé, un louage de service, la loi du budget tombe sous la dépendance de la loi de l'offre et de la demande ; l'autorité hiérarchique est soumise à la discussion ; (1) le fonctionnaire, d'agent chargé d'un mandat public, devient employé ou ouvrier, et avec cette transformation tombent toutes les immunités dont le protège le Code pénal ; le syndicat, c'est l'application de l'article 1780 du Code civil qui défend les renvois intempestifs, sous peine de dommages-intérêts, atteintes au droit de révocation *ad nutum* (1) ; c'est la compétence des tribunaux judiciaires dans toutes les matières où les gouvernants, c'est-à-dire les ministres et les tribunaux administratifs, avaient seuls droit de juridiction ; c'est enfin le droit de grève.

(1) Grèves pour renvoi de directeurs, de contremaîtres.

Derrière le syndicat, l'État voit ainsi la fin de son arbitraire : comment s'étonner qu'il s'oppose, comme les patrons eux-mêmes, à la formation d'organes de lutte, d'organes de surveillance, véritables agents d'anarchie, comme disait M. Rambaud, Grand-Maître de l'Université, car on ne saurait nier qu'ils n'apportent le trouble dans le régime du bon plaisir et de la fiction, « dans le gouvernement d'adoration, de culte et de mystère », pour reprendre les expressions de Chateaubriand commentant la charte de Louis XVIII.

En s'opposant au syndicalisme administratif, le gouvernement pense donc retarder le moment où l'administration sera véritablement publique ; et s'il redoute moins les associations que les syndicats c'est qu'elles lui paraissent — à tort d'ailleurs — moins propres à préparer l'union redoutée des salariés ouvriers et des « budgétivores. »

M. Georges Sorel a étudié la transformation de la discipline à l'atelier, étude dont on peut rapprocher les conclusions et observations nettes, profondes, visiblement expérimentales, de la transformation de l'État ; elle nous permet de prévoir ce que peut être une discipline collective accomodée aux survivances d'autorité (1).

Au début du XIXe siècle, la discipline industrielle est dure, et cette dureté, l'État la renforce en reprenant le rôle, qu'il avait assumé sous l'ancien régime, de « Grand-Maître des fabriques. » Le patron, dans le choix des directeurs des

(1) *Introduction à l'Économie moderne* (2e éd.), p. 197 et s.

usines, est moins préoccupé de leur valeur technique que de leur « poigne. » « C'etait l'époque où l'on voyait une grande usine de produits chimiques des environs de Lyon, dirigée par un ancien gendarme ; telle autre, dans l'Ouest, par un marinier ; telle autre, dans le Midi, par un tonnelier. » La concurrence étrangère obligea à des modifications, à prêter une attention anxieuse aux travaux des confrères étrangers ou des simples chimistes. Alors tout fut changé. Les nouveaux directeurs, formés dans les laboratoires et les écoles spéciales, apportèrent désormais des préoccupations techniques qui, mal accommodables à un système d'autorité absolue, ont modifié, en même temps que les méthodes matérielles de production, les règles de la discipline du travail, unies dans un inévitable rapport de dépendance. « Pour les nouveaux directeurs, l'usine tout entière n'est qu'un vaste laboratoire ; les procédés sont toujours provisoires, et il est essentiel que tout le monde ait l'attention tendue vers les moindres particularités du travail. L'industrie progressive a pour idéal une combinaison parfaite de la science du laboratoire et de la production de l'atelier, des qualités de l'inventeur et de l'exécutant. »

Ce n'est plus la discipline fixe, c'est la discipline selon une méthode dont le propre est d'empêcher tout arrêt dans la recherche et le travail : elle s'oppose à la discipline qui n'est que hiérarchique, tout entière dans le règlement imprimé, dans la surveillance extérieure, et partant applicable seulement à un travail où il ne peut y avoir ni initiative, ni collaboration, à une division si parcellaire des tâches qu'il ne peut jamais s'instituer une vie collective entre les ouvriers à l'occasion de leur travail. A la discipline extérieure ne peut correspondre qu'un travail routinier ; on n'en saurait douter. Dans l'autre système, « on ne peut plus dire qu'il y ait des tâches déterminées à faire : l'homme ne produit plus, mais il s'ingénie à faire marcher un outillage dont l'utilisation est susceptible de fournir les résultats les plus divers. »

Dans le régime de l'atelier progressif, plus particulièrement connu en Amérique, où il assure la supériorité industrielle, « le travailleur se regarde comme étant un mandataire, il fait usage de l'outillage comme s'il en était propriétaire, et il se préoccupe d'en améliorer l'emploi comme si l'avenir lui appartenait. » Voilà la discipline possible des services publics, qui, vidés de règles politiques, sont exclusivement techniques, sur un modèle donné par les industries les plus prospères : la discipline est d'ordre technique et non plus le fait du surveillant, de ce tonnelier ou de ce marin, aussi incompétent à gérer une usine de produits chimiques qu'un chef de bureau paperassier à gérer les postes ou les tabacs. « Ici le travailleur n'est plus un serf de l'Etat englouti dans l'océan communautaire ; c'est l'homme libre, réellement souverain, agissant sous sa propre initiative et sa responsabilité personnelle ; certain d'obtenir de ses produits et services un juste prix, suffisamment rémunérateur (1)... »

Ainsi, on voit comment peuvent coexister deux régimes assez différents et de quelle façon la collaboration des ouvriers ou des fonctionnaires avec les chefs et patrons, serait possible dans le régime actuel. Il est certain que c'est par de telles libertés que les services publics pourraient être enfin dégagés de cette irresponsabilité qui jusqu'ici a empêché leur fonctionnement, conformément aux convenances du public.

Les observations de M. Sorel ne sont pas isolées. C'est à de semblables constatations que sont arrivés les auteurs d'un rapport, que lurent à un congrès de la Ligue de l'Enseignement, au nom de la Commission chargée d'étudier un projet d'organisation de l'enseignement professionnel obligatoire, M. Baudrillard, inspecteur primaire de la Seine et M. Rocheron, inspecteur adjoint de l'enseignement manuel à Paris (2).

S'il est certain que la machine-outil remplace la main et l'initiative des travailleurs dans les nombreuses industries « où l'exécution d'un travail nécessite un mouvement toujours semblable, précis, sûr, rapide, on ne peut néanmoins conclure, pensent ces auteurs, que nous assistons

(1) Proudhon. *De la capacité politique des classes ouvrières* (1865), p. 92.

(2) Cité par M. Briat, dans son Rapport sur l'enseignement professionnel au Conseil supérieur du travail (1904). Publication de l'*Office du Travail*.

à une éviction progressive de l'intelligence de l'ouvrier ; tout au contraire, « on ne saurait se passer du producteur humain quand il s'agit d'exécuter une pièce qui exige le concours de l'intelligence, de la réflexion et l'application de connaissances scientifiques exactes. Or, les industries dans lesquelles les applications scientifiques sont constantes deviennent de plus en plus nombreuses ; certaines sont de création toute récente, l'automobilisme, l'électricité industrielle et domestique, la traction mécanique sous toutes ses formes, etc... Pour exercer ces industries, pour fabriquer, monter et régler ces appareils de plus en plus nombreux et variés, même pour préparer le travail aux machines-outils, il faudra des hommes qui soient plus que d'habiles exécutants ; ils devront posséder des connaissances précises en mécanique, en dessin, en géométrie, en technologie, en sciences, il faudra que l'ingénieur ou le chef des travaux ait à sa disposition, pour réaliser ses conceptions, des ouvriers qui les comprennent et au besoin soient capables d'apporter à ses plans certaines modifications dictées par la pratique ». Et les auteurs ajoutent ces lignes qui posent encore nettement le principe de la collaboration : « Ce n'est plus seulement de praticiens habiles dont l'industrie moderne aura besoin, mais d'ouvriers aptes à exécuter les travaux variés d'une même profession ou d'un groupe de professions similaires. En plus de cette adresse manuelle, il faut que ces ouvriers aient l'intelligence ouverte, qu'ils sachent tracer, qu'ils puissent lever un plan, qu'ils soient capables de modifier leur outillage afin de l'adapter à un rendement déterminé ».

Ce n'est donc pas dans une philosophie que le mouvement anti-autoritaire contemporain a ses origines, mais dans les nécessités de l'industrie elle-même : c'est là que les ouvriers d'abord, et ensuite, sous leur influence, les fonctionnaires de l'Etat, ont puisé, puisent les règles qui les mettent en marche dans la direction de la liberté, résultat d'une véritable collaboration, impuissante à maintenir les distinctions hiérarchiques. « Pour que le travailleur soit vraiment homme, soit vraiment l'ouvrier d'une République sociale, il faut qu'il soit la cellule vivante et consciente d'un organisme économique ; au lieu de tomber d'en haut et d'être imposée par la contrainte, l'harmonie des efforts, la coopération nécessaire à toute œuvre doit venir de chacun des travailleurs, de la volonté et de l'énergie libre de chacun d'eux. Ainsi, l'idéal à réaliser est que dans chacun de vos bureaux la volonté de tous les collaborateurs ait part à l'organisation du service, et que l'intelligente et dévouée collaboration de tous arrive à produire le parfait fonctionnement... (1). »

Le rapporteur à la Chambre de la loi sur les associations,

(1) Discours prononcé par M. Sembat au banquet de l'Association générale des postes (*Humanité*, n° du 7 juin 1905).

M. Trouillot, disait : « Ce qui est un délit, entendez-le bien, c'est de pousser, non à la transformation régulière des lois, mais à la violation des lois. » Et M. Vallé ajoutait : « Il n'est pas défendu à une association de se former en vue d'obtenir des modifications à la loi, mais de faire quelque chose qui serait contraire à la loi (1). »

Légalement, les fonctionnaires ont donc le droit, qui n'est dénié qu'en fait, de se plaindre de leur situation professionnelle ; ils peuvent agir par les journaux, les brochures, les meetings, pour obtenir des modifications à leur statut, des améliorations à leurs traitements et pensions. Ils en usent déjà : de nombreuses associations (douaniers, contributions indirectes, agents des postes, instituteurs), ont saisi le Parlement par lettres ouvertes, par délégations, par résolutions de Congrès. L'action a organisé le mécontentement obscur des premiers jours, qui s'est transformé en revendications précises, en délibérations et en critiques motivées.

On ne peut manquer d'être frappé du ton des mémoires et rapports rédigés par les associations : quant aux faits, ils sont documentés, pleins d'observations ; quant à la forme, écrits avec modération et fermeté ; quant aux conclusions, ils marquent à quel point est devenue nécessaire la collaboration des employés avec les chefs des administrations.

Dans le discours, dont un important fragment a été pré-

(1) Séance du 31 janvier 1901.

cédemment cité, on se souvient que le président de l'Association des commissaires de police protestait contre le « paradoxe bureaucratique » qui sépare la direction de l'action : c'est ce « paradoxe » que toutes les associations de fonctionnaires combattent. Par elles, le fonctionnaire prétend s'intéresser à son travail : or, comment ce travail présenterait-il pour lui un intérêt quelconque, s'il n'est accompli que par la main qui gratte le papier, sans que jamais il soit invité à faire preuve d'initiative, d'intelligence, de l'esprit de coordination et d'invention ? Il demande que l'on tienne compte des observations qu'il a pu faire dans le cercle de sa compétence technique : c'est de cette condition de collaboration qu'il fait dépendre la disparition de cette discipline militaire des bureaux de l'État dont M. Gerville-Réache a démontré le funeste effet dans un rapport budgétaire, déjà ancien : « Le subordonné est assez porté à considérer les instructions du chef comme des ordres impératifs; de là bien des mesures fâcheuses qu'aurait évité un peu d'indépendance de la part du subordonné. Si l'on suppose qu'il en est toujours ainsi dans les divers degrés de la hiérarchie, on en arrive à former des bureaux d'où toute discussion des affaires est bannie et où l'ordre du directeur exécuté du haut en bas de l'échelle, suivant la loi de l'obéissance passive, laisse peu de place à l'étude, à l'initiative, à la responsabilité personnelle de ses collaborateurs (1). »

(1) Rapport sur le budget de la Marine de l'exercice 1886, p. 89.

Cette participation collective des agents d'une administration à son fonctionnement, un député qui appartient à un parti très éloigné de celui de M. Gerville-Réache, M. Sembat, en a indiqué, dans les termes suivants, la nécessité : « L'homme moderne, jugé assez sage pour participer, comme électeur, à l'organisation du pouvoir politique, doit devenir aussi capable de participer comme travailleur à la tâche qu'il accomplit. Loin que cette tâche en soit moins parfaite, l'exécution en sera toute pénétrée de vie, débarrassée de tout élément artificiel, inerte, de toutes ces routines surannées, de ces consignes qui survivent à leur cause, de ces prescriptions baroques qui gênent et agacent le public, fatiguent inutilement le personnel et gaspillent l'argent du contribuable (1). »

Cette collaboration a déjà donné quelques bons résultats dans une administration publique, si l'on en croit un juge que l'on doit considérer comme d'autant moins récusable que ses fonctions ne le prédisposent pas à la bienveillance hiérarchique : le ministre du commerce (M. Dubief) disait à un banquet de l'Association générale des Postes, à la date du 12 juin 1904 : « Par votre association, vous défendez l'intérêt du public et le vôtre ; vous avez créé un admirable instrument de réformes ; vous donnez à l'administration des conseils qui lui sont profitables ; vous le faites avec cette intelligence du travail que seuls, les hommes de métier,

(1) Rapport sur le budget des Postes et Télégraphes pour l'exercice 1902, p. 112.

que vous êtes, peuvent y apporter. Nous avons considéré que votre rôle était excellent... »

De ce rôle, on peut donner cet exemple précis. L'association des conducteurs et commis des Ponts et Chaussées demanda au ministre des Travaux publics, M. Tillaye, des augmentations de traitements, mais ces augmentations elle ne les demandait que comme conséquence d'un certain nombre de suppressions, par voie d'extinction, de postes inutiles : 1.100 conducteurs et 100 ingénieurs. M. Baudin, successeur de M. Tillaye, donna la vie réglementaire à une partie de ces réclamations, par le décret du 7 novembre 1899, qui prévoit la suppresion annuelle d'une soixantaine d'emplois de conducteurs et d'une soixante de commis. Ce fut une réforme gratuite. Aujourd'hui encore l'association, qui comprend la presque unanimité du personnel, propose, sur 6.100 agents, la suppression de 1.500 d'entre eux. L'intervention de l'association s'applique donc non à surcharger les services, mais à les alléger (1).

Quel moyen d'empêcher la routine et l'apathie des services publics, sinon d'accorder aux fonctionnaires l'initiative et la liberté dans leur travail, dans leurs fonctions, sinon de les intéresser moralement à leur besogne technique ? C'est un des articles de leur programme : collaboration des fonctionnaires associés en vue de la gestion des services publics.

(1) G. Cahen. Les associations de fonctionnaires. *Revue bleue* du 22 juillet 1905, p. 119.

Libres, les fonctionnaires seront responsables ; responsables, ils seront actifs, ils réfléchiront sur leur travail ; ces réflexions ne pourront que profiter au service. Il y a là une série de conséquences qui s'enchevêtrent les unes dans les autres, se servant mutuellement de cause et d'effet, suivant une loi que chacun peut observer autour de lui.

La vie, l'initiative dans les services publics, ne sauraient dépendre d'une réglementation par voie d'autorité, d'une réglementation inexorablement prévoyante : la paperasserie bureaucratique, le contrôle hiérarchique, nous ont donné là-dessus une preuve irréfragable. C'est à cette constatation qu'il faut rapporter toute notre expérience d'administrés : c'est donc à elle qu'il faut se référer pour rechercher la solution du problème.

Le problème ne peut être posé que dans les termes suivants : trouver une organisation telle que, spontanément, par nécessité intérieure, les administrations agissent avec intelligence, compétence, initiative, vivacité. Ces termes imposent la solution : si la hiérarchie bureaucratique a été incapable de nous fournir cette spontanéité d'intelligence, de compétence, d'initiative, de vivacité, ne semble-t-il pas s'imposer de laisser le champ libre à la liberté et à la capacité technique ?

« Les syndicats, dit le Manifeste des Instituteurs syndicalistes, doivent se préparer à constituer les cadres des futures organisations autonomes auxquelles l'Etat remettra le soin de l'assurer sous son contrôle et sous leur contrôle réciproque les services progressivement socialisés (1). »

Les associations de fonctionnaires ont déjà commencé dans l'Etat leur travail de liberté et de réorganisation technique : à leur action, soyons certains que, seules, elles sont capables d'assurer les réformes, parce que la compétence et la liberté ne peuvent être que le fait d'hommes compétents et libres. C'est la nécessité même des choses qui le démontre.

On a dit que les associations se substituaient ainsi au Gouvernement et au Parlement, seuls compétents constitutionnellement pour décider de l'aménagement des services publics. Sans doute, mais est-il possible d'empêcher cette substitution ? Il semble bien que M. Antonin Dubost, rapporteur général de la Commission des Finances du Sénat, a répondu à cette question en des termes qui doivent être considérés comme la conclusion de toute l'effervescence administrative causée par les associations. Après avoir remarqué que ses rapports précédents (1901-1904) avaient tous démontré que l'organisation actuelle de nos services publics (plus particulièrement le service des retraites, du recouvrement de l'impôt, des monopoles, des établissements industriels de l'Etat), était une « cause permanente de désordres et de gaspillages », il ajoutait que « ses critiques, persévérantes, justifiées, n'avaient provoqué aucune réflexion

(1) *Humanité*, nº du 24 novembre 1905.

salutaire dans les services incriminés ». « On aurait pu croire, cependant, ajoute-t-il, qu'après tant de critiques auxquelles on n'a rien pu objecter, des tentatives pour améliorer, sinon encore détruire complètement certaines traditions administratives, auraient été faites. Nous avons le regret de dire qu'aucune ne s'est manifestée et que les abus signalés, si repréhensibles, si écrasants qu'ils soient pour le budget, continuent à peser sur lui de tout leur poids. » Or toutes ces questions sont actuellement l'objet des études des associations de fonctionnaires. Au cours de son rapport, M. Antonin Dubost a remarqué, en effet, que « les abus sont signalés chaque jour... par ceux qui sont contraints d'y participer (1). » Là où les moyens autoritaires de contrôle ont échoué, s'essaient les moyens de contrôle mis en action par la liberté.

Jusqu'ici, le système capitaliste n'avait été attaqué que dans son organisation économique, par les conflits entre patrons et ouvriers : les associations de fonctionnaires l'attaquent dans son organisation politique, portent les conflits dans les bureaux chargés de maintenir cette organisation. La lutte qui n'avait été menée jusqu'ici qu'à l'intérieur du régime, au cœur même de la production, se continue sur ses pourtours, s'étend sur les moyens de défense élevés sur les frontières pour protéger la répartition inégale des charges et profits du régime. L'obéissance étroite de la gendarmerie civile, chargée de la garde de ces moyens de dé-

(1) Rapport pour l'exercice 1905, p. 84, 85 et 89.

fense, a seule permis à ce régime de se maintenir : c'est elle qui faisait jouer l'autorité dans les conflits industriels : juges, interventions armées, police, etc. Or, si ceux-là même qui sont commis à la garde des frontières fraternisent avec les assaillants, si les fonctionnaires entrent dans les Bourses du Travail, quel moyen va-t-il rester aux détenteurs économiques du pouvoir pour lutter efficacement ? Le pouvoir se trahissant lui-même, il n'y aura plus devant le prolétariat organisé qu'un corps d'officiers sans troupes : voilà ce qu'il faut apercevoir derrière l'initiative des petits et moyens fonctionnaires publics ; c'est la lutte de classe qui se généralise, pour les raisons qui ont suscité les premières agitations dans la grande industrie.

En face de l'Etat se sont ainsi posées des associations et des syndicats qui revendiquent une part de direction, groupements entre lesquels disparaîtront nécessairement de plus en plus les réelles différences que la loi a établies entre elles : voilà le fait. Pour accusées que soient juridiquement ces différences, les associations et syndicats ont tendance virtuelle à s'unir contre l'Etat qui, certainement, de moins en moins, pourra continuer à maintenir un classement qui ne dérive pas de la nature des choses : l'ouvrier de l'Arsenal qui sert l'Etat se demandera pourquoi il est syndicable tandis que le postier n'est qu'associable. Il ne sera pas possible de maintenir longtemps l'*impérium* contre des groupements de plus en plus pressants, qui institueront nécessairement, malgré leurs différences légales, un régime d'égalité, d'équivalence des fonctions. de réciprocité entre fonctionnaires. Peut-on ne pas prévoir cette évolution ou l'autorité tombera parce qu'elle est attaquée par la force irrésistible de la compétence ? Ainsi s'oppose à la hiérarchie unilatérale et à l'ordre régalien la compétence et le contrat des fonctionnaires associés. Voilà ce qui permet de dire que la création des syndicats et associations de fonctionnaires constitue, dans l'évolution de l'Etat, un fait aussi important que la convocation des Notables par Louis XVI.

Cette évolution, l'Ecole l'a exprimée doctrinalement. Pour elle, l'Etat commence à cesser d'être une personne, sur le modèle du roi, dont l'image a poursuivi tous les théoriciens du droit public. Le caractère privé donné à toutes les fonctions de gestion, la responsabilité de l'Etat étendue aux fonctionnaires, les syndicats et associations de fonctionnaires, c'est la fin du « personnalisme » de l'Etat, ce dernier avatar de la monarchie, dont le professeur Léon Duguit a été le profond critique dans son beau livre sur l'Etat.

Beaucoup d'auteurs, héritiers involontaires des théories individualistes de l'ancien régime, assimilent encore aujourd'hui l'Etat à une personne, en différant d'ailleurs d'avis sur la nature de sa personnalité. Les services collectifs : travaux publics, impôts, armée, police, justice, etc., sont ramenés par eux à une personne, c'est-à-dire à un sujet de droit, par ce raisonnement plus ou moins occulte dans leurs constructions abstraites : ces services sont remplis comme des droits, or pas de droits sans volontés, sans sujets. Le sujet, la volonté, c'est l'Etat, au nom duquel ces droits sont exercés, c'est l'Etat qui en est le titulaire.

Ces théories sont régaliennes, en ce sens qu'elles créent, comme nous l'avons dit, un contraste entre l'Etat et les particuliers. Mais il est vrai d'ajouter q'uelles combattent, en même temps, le pouvoir personnel et la différenciation qui met les gouvernés dans la situation de serviteurs des gouvernants, et signalent ainsi l'évolution vers un régime d'égalisation politique : car à l'Etat, personnalité collective, confondue avec le monarque chez les anciens légistes, les doctrinaires contemporains opposent aujourd'hui la personnalité fictive de la puissance publique, reflet de la nation. L'Etat, dit M. Esmein, « sujet et titulaire de la souveraineté, n'est qu'une personne morale, une personne fictive (1). » La personnalité de l'Etat n'est plus conservée que pour la commodité des raisonnements chez des hommes qui ne peuvent comprendre l'autarchie du mouvement syndical contemporain.

C'est beaucoup dire ; mais ce n'est point encore assez : l'Etat cessant d'être une personne, devient l'ensemble de tous les citoyens ; c'est la gérance collective des services publics ; une organisation qui tend, suivant les lois mêmes de l'évolution, à éliminer de plus en plus les rapports de subordination personnelle entre les hommes, pour les remplacer par une coordination et un échange de fonctions équivalentes.

(1) *Droit constitutionnel*, p. 3.

Quels droits hiérarchiques aurait à faire valoir cette gérance collective contre les citoyens, contre ceux qui assurent les services sociaux hiérarchisés, non d'après le caprice mais d'après les lois expérimentales de la division du travail? C'est ainsi que M. Henri Négard ne veut plus voir dans l'Etat qu' « une association d'individus qui se réunissentt dans un intérêt commun de sécurité et de bien-être. Pour arriver à cette fin, ils consentent d'une part, à demeurer co-propriétaires de certains biens et à aliéner une partie de leur liberté naturelle en s'engageant à obéir à ceux qu'ils désignent (1). » Et concluant, à l'abri d'une remarque de M. Turgeon, l'auteur ajoute : « L'Etat, puissance publique, n'apparaît plus comme une personne ayant des droits ; il n'y a pas de droits, mais des fonctions de puissance publique, il n'y a pas de personne de puissance publique, il n'y a qu'un ensemble de fonctionnaires, « de pouvoirs constitués en vue de la promotion et de la défense des droits, des intérêts et des aspirations du groupe national » (1).

Dans ce sens, et allant au-delà de M. Esmin, un auteur a touché plus profondément encore au cœur de la vieille souveraineté de l'Etat, en disant :

« Il ne faut pas voir dans l'Etat moderne une personne figurée, héritière des droits subjectifs de souveraineté dont les rois étaient jadis titulaires. L'expression *souveraineté nationale* n'a qu'un sens raisonnable : c'est la négation de la

(1) *Op. cit*, p. 429. Cf. Une définition de l'Etat et de sa souveraineté. *Revue du droit public*, 1899.

subordination du peuple à toute souveraineté personnelle » (1).

Et un magistrat distingué du Parquet de la Seine, M. Morizot-Thibault a ajouté, dans un mémoire lu à l'académie des sciences morales : « On comprend que dans les monarchies où l'on regarde le gouvernement comme un bien, on divise la nation en deux catégories, dont l'une est subordonnée et l'autre dominatrice ; mais dans les démocraties où le gouvernement est considéré comme un mal nécessaire, il importe de ne donner à l'homme public aucun refuge derrière lequel il puisse se cacher pour blesser les particuliers. »

(1) Barthélemy. De l'exercice de la souveraineté par l'autorité administrative. *Revue du droit public*, 1904.

CHAPITRE VIII

L'État futur.

L'observateur peut déjà noter ces quelques termes de l'évolution que pourra subir le plus prochainement l'État : à la loi régalienne s'opposera peu à peu la loi des conventions particulières, à l'autorité régalienne s'opposera la gestion publique, à l'État irresponsable le « chef d'entreprises », au régime hiérarchique des services publics le régime du contrat de travail, au droit privé le droit public, la liberté au détestable socialisme d'État, au détestable système des monopoles qui oscille entre « l'anarchie mercantiliste et l'autocratie centralisatrice » comme dit Proudhon ; les services communs tendront tous à entrer dans la gestion, sur le modèle des maisons de commerce et des industries privées, avec les garanties ordinaires pour les employés et pour le public.

Cette évolution, pour importante qu'elle soit, reste, nous l'avons dit, dans le plan de l'Etat ; l'Etat est modifié, amélioré, mais modifié et amélioré dans sa tradition monarchiste, l'inégalité persiste, et avec elle la distinction entre l'action technique et la direction administrative. Ce n'est pas la gestion collective; ce n'est encore que la collaboration des employés et ouvriers avec les chefs du pouvoir, avec les gouvernants : c'est la démocratisation du pouvoir.

Que peut-il y avoir au-delà ? Les prévisions n'ont pas manqué. Il ne peut être question ici d'ajouter une hypothèse idéologique, une systématisation théorique à toutes celles qui ont été proposées, moins d'ailleurs à notre critique qu'à notre vénération : du mouvement sociologique, tout le ressort nous échappe, et il apparaît de plus en plus vain de vouloir lui appliquer des règles tirées de l'expérience du passé. La vie est déterminée par des conditions économiques dont l'évolution incessante produit constamment des formes et des rapports qu'il est impossible de prévoir ; aucune sociologie n'est parvenue à fixer un principe, une loi, une répétition constante de phénomène.

Tout ce que que l'on peut dire des tendances du mouvement syndical contemporain emprunte donc nécessairement la plus grande incertitude à notre ignorance du mécanisme social et des possibilités d'évolution technique ; le champ des possibilités s'ouvre devant nous sans limites. L'esprit cependant se résigne mal à borner sa curiosité à ce qu'il voit, ou peut toucher, à son expérience quotidienne et, malgré lui, le plus sage cherche dans l'obscurité de ses observations fragmentaires quelques rais de clarté vers l'avenir.

Cette clarté, c'est sans doute moins dans les seules associations de fonctionnaires qu'il faut les chercher que dans l'œuvre syndicale ouvrière proprement dite : il y a lieu de les rapprocher les uns des autres, d'ailleurs d'autant moins arbitrairement, semble-t-il, que les associations vont vers les syndicats, vers les Bourses du travail, vers la Confédération générale du travail. Il y a tendance à l'unification entre à tous ces groupements, cependant si différents, par la nature de leur travail, leur capacité économique, leurs origines sociales. Il y a là un fait dont il faut tirer parti.

Peut-être peut-on prévoir, devant tous ces faits dont nous voyons le déroulement progressif et coordonné, que cette fusion du prolétariat ouvrier et des fonctionnaires aura pour conséquence l'absorption de ceux-ci pour des raisons qui tiennent à la constitution syndicale elle-même : ces fonctionnaires, agents de l'autorité, partiellement techniciens, superposés aux travailleurs, disparaîtront avec l'autorité qu'ils constituent, avec cette autorité dont toute la puissance est dans la hiérarchie et le droit de mettre en mouvement la force publique, « droit régalien », écrit un magistrat (1). Ils disparaîtront, tendent déjà à disparaître en tant que membres de l'autorité centrale, en tant qu'agents de commandement, agents de l'arbitraire personnel ; pour tout dire, ils diparaîtront pour raison d'incompétence *loci et materiæ*, devant l'organisation fédérale techniquement constituée, qui semble s'annoncer dans les règles syndicales.

(1) Maurice Vel-Durand. La force publique et sa mise en mouvement. *Revue du Droit public*, 1905, n° 1.

Les associations et syndicats attaquent l'autorité gouvernementale : on ne saurait douter que sur ce point tant de ministres aient eu raison ; les syndicats apportent « l'anarchie », mais un peu comme paraissait anarchique aux impérialistes la République. Ce que ces hommes politiques n'ont pas compris, c'est le caractère organique, méthodique de ces attaques, les virtualités d'ordre de ces soubresauts mal contenus par les lois ; là où ils n'ont voulu voir que du désordre, malgré la pertinence des faits et la solennité des déclarations faites par les associés et syndiqués, nous devons chercher les signes d'un autre ordre : l'ordre fédéraliste.

La classe ouvrière est organisée en fédération : c'est sa plus persistante et plus originale opposition au régime économique traditionnel ; c'est par la fédération qu'elle s'organise, qu'elle lutte, qu'elle vit, depuis que l'*Internationale des travailleurs* (1865) fit entrer dans la politique ouvrière ce mode de lutte dont Proudhon, le premier, fit la théorie (1). Désormais, on peu dire que la fédération est aujourd'hui aussi naturelle à la classe ouvrière que la centralisation l'est à la classe bourgeoise ; elle fut spontanée et lui est nécessaire ; si l'une a augmenté sa puissance en se serrant autour du roi et de sa bureaucratie de légistes en se faisant sujet, l'autre augmente la sienne en élargissant sa liberté, son autonomie, en se dissociant. Son maximum de puis-

(1) *Le principe fédéraliste* ; *De la capacité politique des classes ouvrières*.

sance, la bourgeoisie l'a eue dans la République une et indivisible : l'unité ou la mort ! disait-elle. Son maximum de puissance, la classe ouvrière l'a dans sa Confédération générale du travail, qui vit surtout pendant quelques heures de congrès tous les deux ans, cadre de l'unité ouvrière et non son organe de direction.

Ces fédérations ouvrières n'ont aucun rapport avec les fédérations d'Etats qui constituent l'Empire allemand ou la République des Etats-Unis : elles sont professionnelles à la différence de ces groupements qui ne sont que géographiques. Ce n'est pas l'accident de naissance, un fleuve ou une montagne qui déterminent la force productive, l'étendue de ces fédérations ouvrières, c'est le métier, c'est une utilité économique ; elles se différencient les unes des autres suivant une division du travail, qui, naturellement, n'est jamais fixe, évolue avec l'invention industrielle. Variables quant au nombre de leurs membres, elles sont égales par la nécessité économique qu'elles satisfont : la métallurgie, l'alimentation, les transports, etc. ; toutes nécessaires, elles ne doivent pas connaître les rivalités de puissance, ses membres, tous également producteurs, sont réunis par la hiérarchie technique, confondus interprofessionnellement dans l'organisation générale qui englobe tous les métiers, toutes les particularités techniques : la Confédération générale du travail.

Rien n'est moins autoritaire que cette organisation fédéraliste : toute l'impulsion est donnée non par des comités directeurs, des délégués, mais par le bas, par l'assemblée générale de chaque syndicat dont les délibérations sont transmises par mandataires à des congrès fédéraux et confédéraux dont les décisions ne sont, en principe, prises qu'*ad referendum*. « La force révolutionnaire de la « classe ouvrière n'est pas dans les assemblées représenta« tives et ne doit donc pas être cherchée dans l'éloquence « des ouvriers aux collèges gouvernementaux, mais bien là « où s'agite la vraie vie sociale, là où s'effectue le tra« vail » (1).

Ce fédéralisme, c'est, dans un certain sens, une démocratie ; mais, à la différence de nos démocraties politiques, la liberté y est effectivement maintenue, tend constamment à être maintenue, par l'action directe de chaque individu ; il n'y a pas délégation : tout se fait, tout se décide par délibération générale, par les intéressés eux-mêmes, les secrétaires et présidents de syndicats et de fédérations n'étant jamais que des fonctionnaires constamment rappelés à leur qualité d'agents d'exécution, d'abord par leur révocabilité *ad nutum*, ensuite, et en pratique, par les fréquentes révocations de ceux qui s'erigent en meneurs. La liberté, impossible dans une société inégalitaire, s'exerce effectivement dans ces conciliabules, ces assemblées générales, ces congrès, parce que tous ceux qui y prennent part sont effectivement égaux, chacun ayant la même valeur économique que ses camarades : ce sont des travailleurs, des producteurs qui

(1) Cornelissen. *En marche vers la société nouvelle*, p. 83.

discutent, votent sur les choses de leur métier ; chacun d'eux est vraiment libre, vraiment compétent ; l'intérêt particulier se confond avec celui de l'ensemble, d'une façon presque matérielle, de la manière la plus immédiate, spontanément. C'est dans une telle organisation que peut se réaliser la concordance entre les libertés notée par Rousseau : « Les engagements qui nous lient au corps social ne sont obligatoires que parce qu'ils sont mutuels et leur nature est telle qu'en les remplissant on ne peut travailler pour autrui sans travailler aussi pour soi » (1).

Le mouvement fédéraliste professionnel supprime donc l'autorité par une nécessité qui lui est intime, par une nécessité qui vient de la qualité même de ses membres : rien n'est plus éloigné du désordre. C'est la compétence qui décide, non pas une compétence individuelle, c'est la compétence de tous : chacun a sa part dans la direction ; exercée par les travailleurs, la direction cesse d'être gouvernement, n'est qu'un moment du travail professionnel lui-même ; elle vient de lui, se confond en lui, comme une série de mouvements qui s'appellent les uns les autres. C'est du « gouvernement direct » pour reprendre à Considérant une expression célèbre, mais en la sortant un peu du sens que lui donnait son auteur ; c'est, comme disait Proudhon « le gouvernement de l'anarchie (2) », (Gouvernement, le mot est à méditer par ceux qui dénoncent la perturbation professionnelle), fédéra-

(1) *Contrat social*, II, IV.

(2) *Confessions d'un révolutionnaire*, p. 131.

lisme économique (1), fédéralisme autarchique (2). Nous pouvons dire aussi démocratie professionnelle.

Où sera désormais l'Etat ? « Il n'y a pas d'Etat, là où il n'y a point des gouvernants et des gouvernés ; des ordres exécutés ; une volonté acceptée, reconnue, qui fixe les relations des individus entre eux ou avec la collectivité, et des volontés particulières qui se soumettent à ces règles et obéissent aux injonctions reçues. C'est cette volonté régulatrice, qu'on nomme la souveraineté » (3).

Les associations de fonctionnaires rejoignant l'organisation syndicale, on conçoit quelle devra être la transformation qu'en subiront les administrations publiques : elles ne pourront s'unir à ces syndicats qu'en leur prenant leur méthode de travail. Mais prendre ces méthodes, c'est disparaître tant leurs caractères régaliens sont diamétralement opposés à ce fédéralisme autarchique.

Il est infiniment probable que les fonctions d'autorité pure ne pourront adhérer directement au mouvement syndical : il est certain qu'on ne les voit pas y tendre. Tout les en éloigne ; le mouvement syndical s'oppose spécifiquement à elles ; il lutte même pour leur suppression. Seules les fonctions techniques, dites de gestion, apparaissent comme syndicables : l'une

(1) M. Paul Boncour a fait un sort heureux à cette expression par le livre souvent cité qui porte ce titre.

(2) Autarchie, le mot est de l'amiral Réveillère,

(3) G. Cahen. *Le Gouvernement législateur*, p. 3. « Distinction entre les gouvernants, détenteurs d'une plus grande force, et les gouvernés soumis à cette force, voilà l'Etat. » Duguit. *L'Etat, le droit objectif*.

d'elles déjà, les instituteurs, dessine l'évolution ; un ministère a déjà eu son syndicat d'employés, la Marine. Dans ces fonctions seulement se fera, pourra se faire un travail analogue au travail spécifique prolétarien : la substitution des producteurs aux patrons dans la direction de la production. C'est bien, en effet, à la direction de l'école que tendent les primaires, au nom de leur compétence ; c'est cette direction qu'ils ont réclamée dans leur Manifeste syndicaliste. Or, cette direction collective ne peut évidemment être produite que par la délibération, l'effort, l'étude en commun : là trébuchera l'autorité personnelle, la hiérarchie bureaucratique, la centralisation monarchiste ; ainsi resteront en dehors de ce mouvement les fonctions politiques, abandonnées de toute tradition à l'incompétence et à l'arbitraire du pouvoir.

Le fédéralisme autarchique, enrichi par tous ces véritables professionnels, se développera dans toutes les parties de la production privée et publique, amenant avec lui les principes qui, constituant son originalité, sont la loi de sa vie. En se développant contre l'Etat, puissance régalienne, il substituera à ses méthodes, des méthodes de liberté et de compétence, fermement maintenues par l'égalité économique. A un moment de cette évolution, la tradition cèdera : alors il n'y aura plus d'Etat au sens où nous l'entendons, adossé à une tradition plusieurs fois séculaire de monarchie ; il y aura un *gouvernement* professionnel du type de celui qu'a prévu Proudhon à la fin de sa carrière, pour la plus grande liberté des hommes, enfin égaux en qualité de producteurs, ne dépendant les uns des autres que par les seuls liens de la technique.

Sans doute que toute unité ne disparaîtra pas de ces sociétés de producteurs; une certaine centralisation persistera dans ce nouveau régime: nous voyons, en effet, que les ouvriers syndiqués et fédérés tendent à se grouper dans la Confédération du travail, que les fonctionnaires et ouvriers de l'Etat ont créé des comités d'entente, des unions de fédérations. Ainsi se manifeste une constante inquiétude d'unité dont le moteur n'est pas exclusivement dans l'obligation d'être fort. Ces fédérations de fédérations ne constituent qu'un lien administratif, une entente, non pas un gouvernement d'autorité; c'est la fédération qui, au lieu de s'appliquer à des sociétés simples, s'applique à des associations d'associations: des tendances semblables expliquent donc le mouvement dans son entier.

Il y a unité, quoique chaque fédération prétende garder le maximum d'autonomie, comme dans chacune des associations qui la constitue, chaque membre revendique une autonomie analogue. Dans de telles conditions, l'unité se forme donc d'une manière véritablement progressive dans le sens de la liberté, et son développement s'arrête spontanément à cette autonomie, sous peine de se détruire.

Ainsi disparaîtra le pouvoir, si doit se réaliser cette prévision de Karl Marx au profit d'un fédéralisme proudhonien : « La classe laborieuse substituera, dans le cours de son développement, à l'ancienne société civile, une association qui exclura les classes et leur antagonisme, et il n'y aura plus de pouvoir politique proprement dit, puisque le pouvoir politique est précisément le résumé officiel de l'antagonisme dans la société civile » (1).

Une unité fédérale se manifestera donc comme une bureaucratie restreinte, dont l'unique fonction sera de centraliser les renseignements fournis par les fédérations professionnelles, en vue de leurs discussions ; elle ne sera guère qu'un office de renseignements de la production, un bureau d'enregistrement sous la direction immédiate des congrès confédéraux. Tout ce qui est décision, prévision, initiative, véritable travail, restera l'œuvre des producteurs eux-mêmes. Le règlement, la documentation, la statistique, voilà ce qui sera l'œuvre des fonctionnaires fédéraux et syndicaux : c'est bien ce que nous voyons déjà dans les organisations ouvrières, dont les congrès et les secrétaires ne sont que des délégués subordonnés.

Bien loin que la bureaucratie semble donc devoir augmenter dans l'avenir, comme l'écrivent tant de publicistes libéraux (2), il semble bien qu'elle diminuera, quant à ses attributions, quant à sa puissance ; car la majeure partie de

(1) *Misère de la philosophie*, (édition Giard et Brière, 1896), p. 243.

(2) « Les socialistes, au contraire (des anarchistes), loin de songer à supprimer l'autorité, en multiplient et en exagèrent les fonctions. » Garraud. *Traité du Dr. pénal fr.* Supp., (1896), p. 3.

ses fonctions sera exercée par les producteurs eux-mêmes délibérant en commun.

L'antinomie entre l'administration centrale et les services techniques, dont on ne voit aujourd'hui les effets perturbateurs que par l'ingérence parlementaire, semble destinée à disparaître pour la plus grande dignité d'hommes qui ne serviront plus un régime, ni un parti, tous producteurs, ou si l'on veut tous fonctionnaires, si l'on entend par ce mot que chacun aura une fonction nécessaire à remplir, si l'on veut dire qu'il n'y aura plus de parasites de la production. « Le travail une fois émancipé, tout homme devient travailleur, et le travail productif cesse d'être l'attribut d'une classe » (1).

Ce fédéralisme économique n'aura rien de commun avec l'ancien régime corporatif auquel quelques publicistes (2) veulent l'assimiler, pour le rejeter. Outre qu'une critique de ce genre doit être dénoncée comme idéologique, abstraite, il faut faire observer combien le fédéralisme qui s'annonce dans les syndicats est pénétré de liberté : tout y est assis sur l'entente commune en vue d'un devenir constant ; l'unité y est l'œuvre de l'effort collectif et progressif ; chacun est appelé à délibérer ; il ignore les maîtres, la hiérarchie, la réglementation supérieure. Autant de points qui le différencient des corporations où les maîtres étaient distingués des compagnons moins par la division du travail que par l'iné-

(1) Karl Marx, *La Commune de Paris*. (Trad. Longuet), p. 44.

(2) Fernand Faure. Réponse à l'article de M. Berthod. *Revue pol. et parlem.*, mars 1906.

gale répartition des bénéfices, où les règlements étaient imposés par l'Etat, où chaque métier était prisonnier de ses privilèges et de sa routine, où tout tendait à l'immoblité, où tout se justifiait par l'autorité; corporations jalouses les unes des autres, oppressives, fermées aux améliorations de leur technique, sorte de forteresses dressées contre l'utilité commune. Elles ignoraient ces ententes, ces congrès, ces délibérations générales, l'égalité technique de chacun de ses membres, cette institution pluri-professionnelle de la confédération, par lesquelles le fédéralisme syndical est constamment en mouvement, instable, nécessairement réformateur, libéral, collectif, ouvert à chaque nécessité, à chaque opinion, à l'intérêt commun. C'est tout le contraire des corporations, puisqu'à la base du fédéralisme professionnel on trouve la liberté, « trait cardinal de la virilité », comme dit Spencer (1).

Organisation bien différente également de celle dont M. Charles Benoist nous a donné le tableau. L'auteur de la *Crise de l'Etat moderne*, qui a subi dans une grande mesure les effets de l'évolution professionnelle dont les syndicats sont les agents, demande que l'Etat soit mis en mouvement, dirigé par les hommes compétents, systématiquement groupés (2).

M. Charles Benoist veut « une Chambre élue au suffrage universel direct, par tous les citoyens égaux, mais

(1) *Les Institutions profess. et indust.* (Trad. Varigny, 1898), p. 501.
(2) *Crise de l'Etat moderne*, p. 245 et suiv.

répartis, selon leur profession, en trois ou quatre groupes très larges, embrassant tout le monde.... chacun de ces groupes devant tirer de lui-même son représentant... » Chaque département aurait une représentation professionnelle au prorata des électeurs inscrits dans chaque groupe professionnel. Quant au Sénat, il ne serait pas mû par la profession, mais par certaines collectivités : chaque département aurait droit à trois représentants, l'un départemental élu par le conseil général, l'autre, municipal, élu par les municipalités, le troisième élu par les « unions locales » ou corps constitués. Au bas de ce tableau, l'auteur écrit : « Voilà cette fois, voilà enfin une représentation organique d'où n'est absent rien d'essentiel de tout ce qui est organe, facteur ou agent de vie dans la nation ».

Le but de M. Charles Benoist, c'est de supprimer le principal défaut du régime : l'incompétence. Mais ce but l'atteint-il ? Il est permis d'en douter, car la Chambre qu'il propose n'est pas plus compétente dans son ensemble que l'actuelle : elle contient quelques compétences, quelques spécialités. Or, de ces spécialités, que peut-il sortir ? De deux choses l'une, ou les spécialistes feront seules la loi, leurs collègues s'en rapportant à leur compétence : alors à quoi servent les autres députés qui ne sont pas compétents, dont l'avis est par principe inutile, nul, mauvais, comme cela se passe aujourd'hui ? Ou les spécialistes seront discutés par leurs collègues des autres spécialités : on retombe alors dans le défaut parlementaire qui est dénoncé comme le mal du régime basé sur le « suffrage inorganique ».

Le Sénat, grand conseil des corps publics, comprendra lui aussi des spécialistes, des hommes connaissant bien l'objet de l'activité des corps qui les auront députés : mais au-delà ? Dans son ensemble, dans les discussions et les votes d'ensemble, le Sénat, resterait incompétent : il faut lui appliquer les mêmes alternatives qu'à la Chambre ; et les réponses doivent lui mériter les mêmes critiques.

Le grave défaut du système érudit et ingénieux de M. Charles Benoist, c'est qu'il conserve les anciens cadres de la constitution : or ces anciens cadres excluent, par nécessité intérieure, toute réforme du genre de celle qu'il préconise. L'ancienne constitution, c'est l'autorité centralisée, nécessairement incompétente par le fait qu'elle est déléguée, essayant de réunir entre des mains peu nombreuses une complexité énorme d'intérêts et de techniques : l'autorité naît de là et remplace la compétence territoriale et professionnelle ; la constitution est autoritaire, précisément parce qu'elle est incompétente. M. Charles Benoist veut la rendre compétente, tout en la désirant autoritaire. Or basée sur la compétence, la constitution cesse nécessairement d'être autoritaire et centralisée : on vient de voir qu'il n'aboutissait ni à la rendre compétente, ni à la décentraliser. Le centre de la vie nationale reste à Paris malgré la création de collèges professionnels : ces collèges n'étant pas maîtres dans le cercle de leur compétence, de leurs intérêts professionnels.

Ce qui échappe à la critique ce sont les principes directeurs de l'auteur de *La crise de l'Etat moderne* : c'est l'intérêt professionnel qui doit être le moteur de la vie collective. Mais comment ? Les critiques précédentes indiquent peut-être la voie.

Il y a lieu d'établir des échelles de compétence, mais non point passagères : à chaque profession le soin d'administrer, d'organiser les choses qui ressortissent à son activité, elle seule maîtresse des règles à établir. Il pourrait y avoir des congrès, mais très subordonnés à l'ensemble dans lesquels ne seraient discutées que les matières ressortissant rigoureusement à leur compétence : ainsi des agriculteurs ne devraient pas être appelés à voter des lois sur l'hygiène dans les mines.

Chaque profession, d'autre part, ne forme pas un intérêt isolé dans l'ensemble : les professions ont des intérêts communs, dépendent les unes des autres, font des échanges de matières, collaborent. Alors devrait intervenir l'institution pluri-professionnelle destinée à donner de l'unité à toutes les professions du pays : c'est elle qui déciderait des règles ressortissant à une compétence moins étroitement spécialisée, jouant le rôle de ce que l'on appelle aujourd'hui l'Etat : elle serait l'Etat par rapport à tous les groupements particuliers. Des professions diverses seraient ainsi amenées à discuter en commun, mais à la différence de ce qui se passerait dans le Parlement imaginé par M. Charles Benoist les questions ne dépasseraient jamais leur compétence respective : les professionnels auraient à examiner non pas un point en dehors de leur spécialité, mais la manière de concilier, d'accomoder les uns aux autres les intérêts différents qu'ils représenteraient. Toutes les professions se touchent : ces points de contact n'appartiennent plus à aucun spécialiste. Ainsi l'organisation d'ensemble n'aurait à s'occuper que de questions d'ensemble, d'un caractère effectivement collectif. Des spécialistes pourraient alors discuter utilement sans cesser d'être des spécialistes. Resterait à dire comment : l'organisation ouvrière y répond. Aux congrès particuliers de chaque profession, fréquents et très spécialisés, s'ajoutent les congrès de la Confédération générale du travail, où ne sont discutées que les questions dépassant le cercle de la compétence de chaque fédération : distinction de pratique dans le détail de laquelle il ne peut être question d'entrer.

L'intérêt général que l'auteur de *La crise de l'Etat moderne* pensait faire servir par le Sénat se trouverait tout naturellement mis en œuvre par la délibération de cette organisation pluri-professionnelle, véritablement compétente, parce qu'elle n'aurait à discuter que des questions d'ordre pluri-professionnel : cet ordre pluri-professionnel se confondant nécessairement avec l'intérêt général, auquel il donnerait une armature technique que le jeu constitutionnel ne pourrait lui enlever. L'intérêt général, c'est, en effet, l'intérêt commun à toutes les professions, à tous les individus, qui par définition, rempliront tous un rôle professionnel, c'est-à-dire productif, dans la société. Il n'y a pas de fantaisie d'opinion possible parce qu'il y a un ensemble de règles précises dans chaque profession que des hommes compétents ne peuvent enfreindre, par une nécessité qui est autant d'ordre social que d'ordre psychologique.

Ainsi la discipline technique pourra remplacer la hiérarchie, et la liberté succéder à l'autorité. Mais ce qu'il faut ajouter, c'est que ce ne sont pas des idées, des considérations théoriques, ni une pédagogie morale, qui donneront aux rapports humains une forme qui ne soit ni hiérarchique, ni autoritaire ; soyons assurés que cette liberté ne saurait être un fruit de l'abstraction. Ce sont les conditions de la vie journalière, les suggestions constantes de nos gestes et de nos occupations, l'organisation industrielle, la technique et la méthode de travail qui seules la feront naître spontanément, enfin efficace, tenace, intuitive.

TABLE DES MATIÈRES

ERRATUM

Les Chapitres cotés V, VI, VII, VIII par suite d'une erreur de composition, doivent être ainsi rétablis : IV, V, VI, VII.

Page 4, ligne 7. *Au lieu de :* d'un publiciste contre une société, *lire* : d'un publiciste pour ou contre une société.

Page 165, ligne 14. *Au lieu de :* vassabilité, *lire* : vassalité.

Page 174, ligne 16. *Au lieu de* : à faire règlements, *lire* : à faire des règlements.

Page 225. *Ajouter la note suivante à la ligne 16 :* Dans son arrêt du 20 avril 1888, Casse. le Conseil d'Etat consentit à examiner une requête collective présentée par un groupe de 153 officiers, « requête qui aurait pu sembler à des esprits timorés avoir un caractère de condition contraire à la discipline. » (Revue de droit public, n° de janvier — mars 1906, page 59, article de Gaston Jèze.)

Page 237. dernière ligne. *Au lieu de* : une épisode, *lire* : un épisode.

Page 238, note, ligne 8. *Au lieu de* : 1907, *lire* : 1906.

IMPRIMERIE F. DEVERDUN, BUZANÇAIS (INDRE)

www.ingramcontent.com/pod-product-compliance
Ingram Content Group UK Ltd.
Pitfield, Milton Keynes, MK11 3LW, UK
UKHW021852190726
13855UKWH00001B/287

9 782013 360838